**Ler,
escrever
e analisar
a língua
 a partir
de gêneros
textuais**

Dados Internacionais de Catalogação na Publicação (CIP)
(Câmara Brasileira do Livro, SP, Brasil)

Köche, Vanilda Salton
  Ler, escrever e analisar a língua a partir de gêneros textuais / Vanilda Salton Köche, Adiane Fogali Marinello. – Petrópolis, RJ : Vozes, 2017.
  Bibliografia

  4ª reimpressão, 2024.

  ISBN 978-85-326-5358-1
  1. Escrita 2. Leitura 3. Linguística – Análise 4. Textos – Estudo e ensino I. Marinello, Adiane Fogali. II. Título.

16-08467 CDD-418

Índices para catálogo sistemático:
1. Gêneros textuais : Análise linguística
418

Vanilda Salton Köche
Adiane Fogali Marinello

Ler, escrever e analisar a língua a partir de gêneros textuais

EDITORA VOZES

Petrópolis

© 2017, Editora Vozes Ltda.
Rua Frei Luís, 100
25689-900 Petrópolis, RJ
www.vozes.com.br
Brasil

Todos os direitos reservados. Nenhuma parte desta obra poderá ser reproduzida ou transmitida por qualquer forma e/ou quaisquer meios (eletrônico ou mecânico, incluindo fotocópia e gravação) ou arquivada em qualquer sistema ou banco de dados sem permissão escrita da editora.

CONSELHO EDITORIAL

Diretor
Volney J. Berkenbrock

Editores
Aline dos Santos Carneiro
Edrian Josué Pasini
Marilac Loraine Oleniki
Welder Lancieri Marchini

Conselheiros
Elói Dionísio Piva
Francisco Morás
Gilberto Gonçalves Garcia
Ludovico Garmus
Teobaldo Heidemann

Secretário executivo
Leonardo A.R.T. dos Santos

Editoração: Flávia Peixoto
Diagramação: Sheilandre Desenv. Gráfico
Revisão gráfica: Fernando Sergio Olivetti da Rocha
Capa: Ana Cosenza

ISBN 978-85-326-5358-1

Este livro foi composto e impresso pela Editora Vozes Ltda.

Sumário

Introdução, 7

1 Piada, 9

2 Poema, 21

3 Miniconto, 43

4 Conto de enigma, 53

5 Carta argumentativa, 75

6 *E-mail* formal, 89

7 Entrevista, 99

Referências, 121

Índice, 131

Introdução

Em nosso dia a dia usamos diversos gêneros textuais para interagirmos socialmente, seja de forma oral ou escrita. Segundo Marcuschi, "é impossível se comunicar verbalmente a não ser por algum *gênero*, assim como é impossível se comunicar verbalmente a não ser por algum *texto*" (2002, p. 22). Todo texto tem uma finalidade comunicativa, ou seja, de acordo com nosso objetivo, comunicamo-nos por meio de um diálogo, de um telefonema, de uma mensagem eletrônica, de um bilhete, entre outros gêneros textuais.

Nesse sentido, os Parâmetros Curriculares Nacionais da Língua Portuguesa (1999) preconizam que o principal objetivo do ensino de língua materna é o aperfeiçoamento da competência comunicativa dos alunos. Recomendam que a leitura e a produção de textos na ótica dos gêneros textuais norteiem a prática pedagógica.

Conforme Schneuwly e Dolz (2004), a melhor maneira de se trabalhar o ensino de gêneros textuais é envolver os estudantes em situações concretas de uso da língua, de modo que sejam capazes de optar pelos meios mais adequados aos fins que pretendem alcançar. Para os autores, a escola precisa ser um verdadeiro lugar de comunicação, e as situações escolares, oportunidades de produção e recepção de textos.

Assim, neste livro, propomos a exploração de gêneros textuais variados na sala de aula. São eles: a piada, o poema, o miniconto, o conto de enigma, a carta argumentativa, o *e-mail* formal e a entrevista. A piada faz parte do cotidiano do aluno, quer na família, quer na escola, quer junto aos amigos; o poema mexe com a sensibilidade do leitor e atribui diferentes sentidos às palavras por meio de um trabalho artístico e subjetivo; o miniconto oportuniza encontrar significados profundos em um texto literário curto; o conto de enigma permite mergulhar no mundo da ficção e tentar desvendar os mistérios sugeridos pela trama; a carta argumentativa possibilita desenvolver a capacidade de argumentar, competência essencial para a inserção do cidadão na sociedade; o *e-mail* formal propicia comunicar-se com um interlocutor por meio da língua padrão; a entrevista favorece o aperfeiçoamento da expressão oral e escrita e promove a interação entre entrevistador e entrevistado.

No trabalho com esses gêneros textuais apresentamos uma fundamentação teórica sobre o gênero em estudo, seguida de uma análise ilustrativa. Após, propomos um estudo de texto com atividades de pré-leitura, leitura, interpretação oral e escrita e práticas de análise da linguagem e reflexão linguística. Na sequência, contemplamos a produção textual escrita, a reescrita e a produção oral do gênero.

Este livro tem o propósito de cooperar com os estudos na área da linguagem e sobretudo colocar à disposição dos docentes subsídios teórico-práticos vinculados aos gêneros textuais explorados e ao uso da língua padrão. Esperamos que esta obra possa auxiliar na ampliação das possibilidades de letramento dos alunos.

1 Piada

A piada consiste num gênero textual humorístico curto, cuja intenção é provocar o riso. A maioria dos textos não possui título nem autor e tem origem na oralidade. É possível encontrar a mesma piada em diversas versões.

Esse gênero é bastante popular. Propaga-se entre as pessoas ao longo do tempo por meio da oralidade e da escrita. Hoje, difunde-se ainda mais em virtude do uso da internet.

Segue uma piada coletada da oralidade.

Uma senhora asmática foi ao médico para a reconsulta. Ele perguntou à mulher:

– A senhora melhorou?

– Não, doutor!

– A senhora dormiu com a janela aberta como eu lhe recomendei?

– Sim, doutor!

– E a dor no peito desapareceu?

– Não, doutor! Porém, sumiram a TV, o DVD e o celular!

Como se observa, segundo o médico, o ar que entra pela janela contribui para a saúde da paciente; já, para a senhora, manter a janela aberta significou a perda de alguns bens. O humor reside no fato de o médico ter uma intenção ao fazer a recomendação à paciente e ocorrer algo totalmente inesperado.

No gênero textual piada, a ironia é fundamental. Vale (2010) enfatiza que a ironia é um fenômeno muito difundido nas mais diversas situações sociais do cotidiano, especialmente por meio da linguagem oral. O que faz com que uma piada se torne engraçada não é somente o assunto abordado, mas a forma como ela é narrada.

Uma das principais características da piada é o emprego do duplo sentido para criar o efeito humorístico. Observe o exemplo a seguir coletado da oralidade.

Joãozinho estava fazendo o tema de Língua Portuguesa. Surgiu uma dúvida e perguntou ao pai:

– Pai, burrice se acentua?

– É, filho. Com a idade, sim...

Nessa piada o menino questiona o pai sobre o uso do acento gráfico e o pai entende *acentuar* como sinônimo de *agravar*. Assim, o humor decorre do duplo sentido do verbo *acentuar*.

Para produzir o efeito humorístico, a piada emprega também outros recursos. Conforme Borges e Freitas (2004), esse gênero pode valer-se de ambiguidades, sentidos indiretos e implícitos. Nessa perspectiva, Ramos (2007) acrescenta que normalmente as piadas jogam com as palavras, opõem o sério e o não sério e criam situações improváveis que surpreendem o interlocutor. Atente para a piada coletada da oralidade.

Um senhor foi à casa de um parente do interior e encontrou apenas um menino. Então, o senhor lhe disse:

– Preciso conversar com seu pai. Ele está?

– Não. Meu pai saiu.

– Onde ele foi?

– Foi a um enterro.

– Ele vai demorar?

– Eu acho que vai.

– Por quê?

– Porque ele foi dentro do caixão.

Como se constata, essa piada mostra uma situação improvável e causa surpresa ao interlocutor, pois a resposta esperada pelo senhor não seria a de que o pai do menino estava morto. Logo, a piada opõe o sério e o não sério.

Orlandi (1993) assinala que, ao se ler um texto, leva-se em conta não somente o que está dito, mas também o que está implícito.

Dessa forma, o leitor/ouvinte de uma piada tem papel ativo na construção do sentido do texto, na medida em que realiza um ato de inferência com base em seu conhecimento de mundo. Segundo Ramos (2007), por meio da inferência, as informações externas ao texto são articuladas cognitivamente no processo de interação.

O autor afirma ainda que, para entender a piada, é preciso que o produtor e o interlocutor interajam e compartilhem informações comuns. Para ele, a construção do sentido do texto está associada à situação de uso, pois o interlocutor aproxima o que percebe no texto com o que presencia no mundo real, que lhe serve de parâmetro.

Borges e Freitas (2004) destacam que o não entendimento de uma piada por parte do leitor/ouvinte deve-se à falta de conhecimento não partilhado entre eles e, principalmente, à carência de conhecimentos linguísticos, pois o jogo linguístico interage com o conhecimento de mundo.

Para a compreensão da piada, de acordo com Ramos (2007), o interlocutor necessita mobilizar diferentes informações e estar ciente de que se trata de um texto de humor. O autor coloca que isso gera uma expectativa de leitura em relação ao texto.

Possenti (2001) esclarece que, na maioria das vezes, as piadas estabelecem relações intertextuais. A intertextualidade ocorre quando o autor emprega conteúdos de outros textos referidos direta ou indiretamente.

Em relação a isso, Borges e Freitas (2004) exemplificam:

E Eva disse a Adão:

– Adão, você me ama?

E ele em sua infinita sabedoria:

– E eu lá tenho escolha?

Para as autoras, essa piada leva em conta um intertexto: a história bíblica de Adão e Eva no paraíso. Elas afirmam que a pergunta de Eva a Adão é comum entre casais; contudo, se o leitor não conhece o intertexto, a resposta não faz sentido. Destacam que, se o leitor estiver ciente de que se trata do casal que deu origem à humanidade, perceberá que Adão, realmente, não tem outra opção, e isso provoca o riso.

A piada aborda vários temas, como sexualidade, racismo, casamento, adultério e alcoolismo. Pode tratar de indivíduos específicos (presidente de um país, governador de um estado...), grupos sociais (políticos, judeus, argentinos, japoneses...), jogadores e torcedores de times de futebol (gremistas, colorados, flamenguistas...), instituições (Igreja, escola...) e animais (papagaio, cegonha...), entre outros assuntos.

Há também piadas que abordam fatos ocorridos recentemente na sociedade. No entanto, esse tipo de piada pode deixar de fazer sentido em pouco tempo, pois, conforme Possenti (2001), o entendimento das piadas depende basicamente de fatores circunstanciais. Observe uma piada coletada das redes sociais (adaptada).

– Messi, por que você está tão triste?

– É porque eu tenho 27 anos e nunca vi a Argentina ganhar a Copa do Mundo.

Essa piada circulou após a derrota da Argentina pela Alemanha na etapa final da Copa do Mundo de 2014. Para entender o humor do texto é necessário ter conhecimento do contexto de produção e recepção: a Argentina não vencia a Copa do Mundo há 28 anos, e Messi, seu melhor jogador, fez parte do time que perdeu na decisão final. Durante a Copa, a Rede Globo de Televisão veiculou uma propaganda na qual apareciam crianças brasileiras de até 10 anos que diziam sua idade, falavam nunca ter visto seu país ganhar e pediam ao Brasil para vencer por eles. A piada em análise mescla o que as crianças diziam na propaganda e o fato de Messi ter 27 anos e nunca ter visto seu país vencer a Copa.

Portanto, o exemplo ilustra a colocação de Possenti (2001), pois o entendimento da piada depende do conhecimento da situação em que foi emitida. Caso contrário, ela não despertará o riso no leitor.

Segundo Muniz (2004), além do riso, a piada pode ainda ser acompanhada de certo mal-estar, especialmente quando trata de temas considerados tabus, como sexualidade e etnia. Além disso, muitas piadas alimentam preconceitos ao utilizar figuras estereotipadas: a loira burra, a sogra megera, as mulheres fofoqueiras, a esposa infiel e o português ignorante, entre outras. Atente para o exemplo coletado da oralidade.

A professora diz a Mariazinha:

– Analise a frase: "Uma mulher olha pela janela". Está no singular ou no plural?

– Singular.

– Parabéns!

– Agora você, Joãozinho. "Há mulheres olhando pela janela." O que é?

– Fofoca!!!

Essa piada reforça o preconceito de que as mulheres costumam falar da vida alheia quando estão reunidas.

Como se observa nos exemplos, na maioria das piadas há o diálogo em discurso direto. Nessa construção, o narrador emprega geralmente verbos de dizer, chamados *discendi,* para introduzir as falas das personagens (perguntar, responder, gritar, dizer...). Em seguida, o narrador utiliza dois pontos e, depois, coloca as falas das personagens, indicadas pelo travessão ou, em alguns casos, por aspas.

O gênero textual piada emprega a linguagem comum e, muitas vezes, a linguagem familiar, já que as piadas são contadas em ambientes descontraídos. Geralmente, as frases são curtas e o texto é bastante sintético.

A piada é essencialmente narrativa. Normalmente, o narrador é anônimo e constitui-se como mero observador dos fatos. Ele conta esses fatos como se conhecesse tudo o que se passa: as ações, as personagens, o tempo e o espaço, entre outros aspectos comuns à tipologia textual narrativa. Para isso, emprega, na maioria das vezes, o pretérito perfeito do indicativo, pois relata um acontecimento do passado. Em algumas piadas ele usa também o presente do indicativo.

A piada narrativa pode apresentar a estrutura dos demais gêneros textuais narrativos, proposta por Soares (1997). Veja a seguir.

a) **Apresentação:** mostra um estado de equilíbrio.

b) **Complicação:** acontece quando o equilíbrio inicial é interrompido por um fato que provoca uma tensão.

c) **Clímax:** ocorre no momento em que a ação chega ao seu ponto crítico, o qual leva ao desfecho.

d) **Desfecho:** restabelece o equilíbrio por meio da resolução das tensões anteriores.

Cabe ressaltar que existem piadas sem narrador, constituídas somente por um diálogo em discurso direto, transcrito no presente do indicativo. Segue um exemplo coletado da oralidade.

– Meu bem, por que você sempre fala ao telefone deitada?

– Ora, amor, para não cair a ligação.

– Ah! Agora eu entendo por que você é loira.

Ramos (2007) coloca que o desfecho da piada mostra algo inusitado, totalmente inesperado, mas coerente. Assinala que o real sentido do texto decorre justamente do imprevisível.

Com relação a isso, Muniz (2004) afirma que, para o desfecho produzir humor, principal função da piada, o leitor/ouvinte precisará buscar apoio no contexto, visto que a piada vai "brincar" com fatos linguísticos e também com fatos vinculados ao ambiente sociocultural.

A piada:

- consiste num gênero textual humorístico curto, cujo objetivo é suscitar o riso;
- é bastante popular;
- na maioria das vezes não possui autor nem título;
- vale-se de duplo sentido, implícitos, intertextualidade, sentidos indiretos, jogo de palavras, entre outros recursos;
- é geralmente narrativa;
- apresenta um desfecho inusitado, mas coerente.

1.1 Análise ilustrativa de uma piada

1 Um casal fez um cruzeiro. Durante a viagem, ocorreu uma tempestade, com fortes ondas, e o marido caiu em alto-mar. A esposa aguardou algum tempo antes de avisar o comandante.

2 Como o marido não fora encontrado, ela fez toda a viagem sozinha.

3 Depois de três semanas, a senhora foi procurada por um homem da guarda costeira. O homem lhe disse:

4 – Encontramos seu esposo, mas infelizmente ele está morto. Havia uma ostra presa ao corpo dele. Dentro da ostra, uma pérola que deve valer R$ 150.000,00. Gostaríamos de saber o que devemos fazer.

5 A mulher respondeu:

6 – Envie a pérola para minha casa e jogue o corpo de volta ao mar, para que ele sirva de isca para outras ostras. (Coletada da oralidade.)

O texto em estudo constitui-se numa piada pelo humor que encerra e por despertar o riso no leitor. Essa piada não possui título nem autor, visto que é oriunda da oralidade.

A piada estrutura-se em *apresentação, complicação, clímax* e *desfecho*.

a) Apresentação (parágrafo 1 – frase 1): mostra um estado de equilíbrio. Há duas personagens em um cruzeiro: a mulher e o marido.

b) Complicação (parágrafo 1 – frases 2 e 3 – e parágrafo 2): inicia quando o equilíbrio é interrompido. Na viagem, ocorre uma forte tempestade e o marido cai em alto-mar. Como ele não é encontrado, a mulher segue a viagem sozinha.

c) Clímax (parágrafos 3-4): acontece no momento em que um homem da guarda costeira avisa a senhora de que o corpo foi localizado e, junto a ele, há uma ostra com uma pérola de grande valor.

d) Desfecho (parágrafos 5-6): ocorre quando a esposa diz ao senhor para lhe enviar a pérola e jogar o corpo do marido ao mar para servir de isca a outras ostras. Esse final é surpreendente e nele reside o humor.

A piada em estudo usa a linguagem comum. Os diálogos são transcritos em discurso direto. O narrador conta um fato (a morte de um homem e a descoberta de uma pérola), envolvendo personagens (o marido, sua mulher e um integrante da guarda costeira), tempo (durante um cruzeiro e quando a esposa chega em casa) e espaço (num navio e na casa da esposa).

O narrador é anônimo e não participa dos fatos narrados, constituindo-se como mero observador. Para apresentar as ações, utiliza sobretudo verbos no pretérito perfeito do indicativo, visto que relata fatos do passado (*ocorreu, aguardou, disse, respondeu,* ...). Nos diálogos há o uso do presente do indicativo, pois o narrador transcreve as falas exatamente como aconteceram no momento da enunciação. (*– Encontramos seu esposo, mas infelizmente ele está morto.*)

1.2 Estudo de texto

I. Pré-leitura

1) O que é uma piada?

2) Você gosta de piadas? Conte algumas.

3) Faça uma leitura inspecional da piada que segue. O texto possui título? E autoria? Por quê?

II. Leitura

1) Leitura silenciosa da piada.

2) Leitura em voz alta do gênero pelo professor ou por um aluno.

1 O marido estava muito brabo. Ele não aguentava mais brigar com a mulher.

2 Certo dia, ao chegar em casa, gritou:

3 – Chega! Não aguento mais! Quero a separação.

4 A mulher respondeu:

5 – Tudo certo!

6 E o marido disse:

7 – Então, vamos nos separar civilizadamente. Vamos dividir tudo, começando pela casa: eu fico de um lado e você fica do outro.

8 Ela concordou:

9 – Beleza! Eu fico do lado de dentro e você, do lado de fora. (Coletada da oralidade.)

III. Atividades orais de interpretação

1) Quais são as personagens do texto?

2) Qual é o tema da piada?

3) Onde ocorrem os fatos narrados?

4) É possível situar os fatos em uma época específica? Por quê?

5) O que causa humor nessa piada?

6) Por que esse texto pertence ao gênero piada?

IV. Atividades escritas de interpretação

1) Reescreva a piada, substituindo as palavras em negrito por sinônimos. Faça os ajustes necessários.

"O **marido** estava muito **brabo**. Ele não aguentava mais **brigar** com a **mulher**.

Certo dia, ao chegar em casa, gritou:

– **Chega**! Não **aguento** mais! Quero a **separação**.

A mulher respondeu:

– Tudo **certo**!

E o marido disse:

– Então, vamos nos **separar civilizadamente**. Vamos **dividir** tudo, **começando** pela casa: eu fico de um lado e você fica do outro.

Ela concordou:

– **Beleza**! Eu fico do lado de dentro e você, do lado de fora." (Coletada da oralidade.)

2) A piada narrativa geralmente constitui-se de *apresentação*, *complicação*, *clímax* e *desfecho*. Aponte os parágrafos correspondentes a essas partes.

a) Apresentação:

b) Complicação:

c) Clímax:

d) Desfecho:

3) Explicite o entendimento pelo casal da afirmação: [...] *eu fico de um lado e você fica do outro* (parágrafo 7).

a) Esposo:

b) Esposa:

4) Atente para a afirmação: – *Beleza! Eu fico do lado de dentro e você, do lado de fora* (parágrafo 9). Se essa parte do diálogo fosse suprimida, faria falta na piada? Por quê?

5) O desfecho da piada é inusitado? Justifique sua resposta.

V. Práticas de análise da linguagem e reflexão linguística

1) A piada em estudo possui narrador. Ele é mero observador dos fatos narrados ou participa das ações? Justifique com um fragmento do texto.

2) Nessa piada, o narrador emprega alguns verbos de dizer. Retire do texto verbos de dizer e substitua-os por outros de mesmo sentido.

3) Releia a piada em estudo e transforme as falas das personagens em discurso indireto.

a) Que tempo verbal o texto emprega no diálogo em discurso direto? Por quê?

b) O uso do discurso indireto provoca no texto o mesmo efeito do que o uso do discurso direto? Justifique.

4) Observe a afirmação e assinale a(s) alternativa(s) correta(s).

[...] *eu fico de um lado e você fica do outro.*

a) (   ) Encerra duplo sentido.

b) (   ) Estabelece relações intertextuais.

c) (   ) Vale-se de sentidos indiretos.

d) (   ) Há presença de implícitos.

e) (   ) Existe jogo de palavras.

5) Assinale com **X** a(s) resposta(s) correta(s) em relação à linguagem da piada.

a) (   ) Usa vocabulário de difícil compreensão.

b) (   ) Há marcas de coloquialidade.

c) (   ) As frases são curtas.

d) (   ) Emprega uma sintaxe de difícil entendimento.

6) Coloque **V** se a afirmação for verdadeira e **F** se for falsa com relação à pontuação do texto.

a) (   ) O uso do ponto de exclamação nas falas do marido mostra que ele está tranquilo.

b) (   ) Os dois pontos assinalam que a seguir aparecerá uma enumeração.

c) (   ) O ponto-final marca na escrita uma pausa da voz de máxima duração.

d) (   ) O uso dos dois pontos indica que em seguida alguém vai falar.

1.3 Produção textual

I. Produção escrita

A seguir, você tem o início de duas piadas coletadas da oralidade. Continue os textos, dando-lhes um desfecho inesperado com o objetivo de causar o riso.

Texto 1

Um bêbado estava num velório e chegou um veículo trazendo os parentes do defunto. Entraram todos chorando muito.

O motorista do veículo sentou-se ao lado do bêbado e perguntou-lhe:

– De que morreu o defunto?

– Ahhh.... – disse o bêbado.

– De que morreu o defunto?

[...]

Texto 2

Um bêbado estava num cemitério e a viúva começou a chorar desesperada, falando para o defunto:

– Onde vão te colocar agora: num buraco fundo, frio, sem luz, sem nada.

O bêbado gritou:

[...]

II. Reescrita

A partir das anotações do professor em seu texto e das inadequações que você verificou por meio de sua própria leitura, reescreva o desfecho das piadas.

III. Produção oral

Socialize o desfecho de sua piada com os colegas e professor.

2 Poema

O poema, de acordo com Moisés (2004), é um texto literário com unidade de forma e de sentido, cujo criador quer exprimir e comunicar poesia por intermédio desse gênero. O autor esclarece que o poema pode estruturar-se em versos ou em prosa. Este capítulo abordará somente o gênero textual literário poema em versos que encerra poesia.

A palavra poema vincula-se etimologicamente e por natureza à poesia; assim, poema seria toda composição literária de índole poética (MOISÉS, 2004). Vista somente sob essa perspectiva, segundo o autor, a conexão entre poema e poesia levaria à conclusão de que todo poema encerra poesia, e a poesia ganha forma em poema.

Porém, conforme Moisés (2004), essa correlação é apenas uma tendência histórica, pois há poemas sem poesia, e a poesia pode surgir em um romance, em um conto, em uma novela, em uma crônica, entre outros gêneros literários.

Silva (2014) apresenta uma distinção entre poesia e poema. Para ele, poesia é um ato, um fazer, é criação, é o que está além do texto; já o poema resulta desse fazer, é o que foi criado, é o texto da poesia. O autor afirma que a poesia é o que emociona, mexe com a sensibilidade por meio da linguagem poética; a poesia passa a ter existência como algo abstrato a partir da percepção do leitor.

A voz que fala no poema é denominada eu lírico ou eu poético, ou ainda sujeito poético. Porém, nem sempre essa voz equivale à do poeta. Esse ser abstrato pode ser o próprio poeta ou uma criação do poeta. Como diz Fernando Pessoa (*Autopsicografia*): "O poeta é um fingidor. / Finge tão completamente / Que chega a fingir que é dor / A dor que deveras sente".

Goldstein (2006) ressalta que o discurso literário é específico; sua linguagem é elaborada, a fim de que o aspecto formal revele as significações do texto. Para ela, no poema, isso ocorre de modo acentuado. A autora afirma que a seleção e a combinação de palavras são pautadas pela significação, por critérios rítmicos, sintáticos, sonoros, resultantes de paralelismos e jogos formais, tornando o poema plurissignificativo. Portanto, o sentido desse gênero nunca se esgota.

2.1 Figuras de linguagem

Para dar mais expressividade ao poema, utilizam-se as palavras no sentido figurado, com uma conotação diferente daquela normalmente empregada. Veja algumas das figuras de linguagem usadas com essa finalidade.

• Símile

Segundo Moisés (2004), o símile é até certo ponto sinônimo de comparação. Para o autor, o símile diferencia-se da comparação na medida em que há o confronto de dois seres ou coisas de natureza distinta, para ressaltar um deles.

Nessa figura de linguagem, aparece o elemento comparativo explícito: *como*, *tal como*, *assim como*. Exemplo:

II. O MEU OLHAR (*Alberto Caeiro* – heterônimo de *Fernando Pessoa*)
O meu olhar é nítido como um girassol.

Tenho o costume de andar pelas estradas

Olhando para a direita e para a esquerda,

E de vez em quando olhando para trás...

E o que vejo a cada momento

É aquilo que nunca antes eu tinha visto,

E eu sei dar por isso muito bem... [...]

No verso *O meu olhar é nítido como um girassol*, o eu lírico compara o seu olhar a um girassol. Esta flor gira conforme a posição do Sol para captar a maior quantidade possível de luz, a fim de produzir energia. Assim também o eu lírico busca captar nitidamente a realidade que o cerca.

• **Metáfora**

A metáfora consiste no uso de um vocábulo ou expressão com um sentido diferente daquele que lhe é comum. Esse novo sentido resulta de uma intersecção semântica entre dois termos. De acordo com Fiorin (2014), a metáfora considera somente alguns traços comuns a dois significados que coexistem, deixando de lado uma série de outros traços. Assim, para o autor, a metáfora dá concretude a uma ideia abstrata, conferindo mais intensidade ao sentido. Exemplo:

COROAI-ME (*Ricardo Reis* – heterônimo de *Fernando Pessoa*)

Coroai-me de rosas,

Coroai-me em verdade,

De rosas –

Rosas que se apagam

Em fronte a apagar-se

Tão cedo!

Coroai-me de rosas

E de folhas breves.

E basta.

As metáforas – *Coroai-me de rosas,*[...] / *Rosas que se apagam* / *Em fronte a apagar-se* e *Coroai-me de rosas* / *E de folhas breves* – trazem implícitas a comparação de que assim como as rosas murcham e as folhas caem também o ser humano deixa a vida terrena. Portanto, a metáfora faz alusão à efemeridade da vida.

• **Antítese**

A antítese é uma figura de linguagem pela qual se estabelece uma relação de oposição entre ideias ou palavras. Exemplo:

VII (*Cláudio Manoel da Costa*)

[...]

Árvores aqui vi tão **florescentes**,

Que faziam perpétua a primavera:

Nem troncos vejo agora **decadentes**.

[...]

Constata-se a presença de uma antítese nessa estrofe: *florescentes/decadentes*. O eu lírico usa o adjetivo *florescentes* para se referir às árvores verdejantes que no passado ali existiam. Por sua vez, utiliza *decadentes* para fazer alusão aos troncos destruídos que visualiza.

• Paradoxo

O paradoxo é uma figura de linguagem que consiste em mostrar uma ideia contrária à do senso comum. Exemplo:

AMOR É UM FOGO QUE ARDE SEM SE VER (*Luís Vaz de Camões*)

Amor é um fogo que arde sem se ver,

é ferida que dói, e não se sente;

é um contentamento descontente,

é dor que desatina sem doer.

Nessa estrofe do soneto de Camões há dois paradoxos. Do primeiro verso pode-se depreender que o amor é um sentimento que cresce no íntimo do ser humano sem que ele perceba. O paradoxo reside no fato de o amor ser *um fogo que arde sem se ver*. No segundo verso, entende-se que o amor causa sofrimento, mas esse mesmo amor o ameniza. O paradoxo consiste em a ferida doer e não se sentir.

• **Prosopopeia (personificação)**

Segundo Moisés (2004), a prosopopeia é uma figura de linguagem que consiste em atribuir vida ou qualidades humanas a seres irracionais, inanimados, ausentes, mortos ou abstratos. Exemplo:

SAUDADES (*Casimiro de Abreu*)

[...]

Nessas horas de silêncio,

De tristezas e de amor,

Eu gosto de ouvir ao longe,

Cheio de mágoa e de dor,

O sino do campanário

Que fala tão solitário

Com esse som mortuário

Que nos enche de pavor. [...]

Nessa estrofe, o sentimento de saudade revela tristeza. Há uma prosopopeia nos versos *O sino do campanário / Que fala tão solitário*, e esta reforça a melancolia do eu lírico. O sino assume uma característica humana, a fala.

• Metonímia

Para Moisés, a metonímia consiste no "emprego de um vocábulo por outro, com o qual estabelece uma constante e lógica relação de contiguidade" (2004, p. 291). Isso quer dizer que há uma relação bastante próxima entre os termos. Exemplo:

OS LUSÍADAS (*Luís Vaz de Camões*)

Canto IV

[...]

E já no porto da ínclita Ulisseia,

Cum alvoroço nobre e cum desejo

(Onde o licor mistura e branca areia

Co salgado **Neptuno** o doce Tejo)

As naus prestes estão; e não refreia

Temor nenhum o juvenil despejo,

Porque a gente marítima e a de Marte

Estão pera seguir-me a toda a parte. [...]

Nesse fragmento, o eu lírico caracteriza a partida das embarcações comandadas por Vasco da Gama. Os versos *Onde o licor mistura e branca areia / Co salgado Neptuno o doce Tejo* fazem alusão ao encontro das águas do Rio Tejo com as do Oceano Atlântico. A metonímia reside no emprego do nome do deus romano – *Neptuno* – pelo lugar que ele domina – o mar.

• Hipérbole

A hipérbole é a figura que consiste em expressar intencionalmente uma ideia com exagero. Exemplo:

VOZES D'ÁFRICA (*Castro Alves*)

Deus! Ó Deus! Onde estás que não respondes?

Em que mundo, em qu'estrela tu t'escondes

Embuçado nos céus?

Há dois mil anos te mandei meu grito,

Que embalde desde então corre o infinito...

Onde estás, Senhor Deus?... [...]

No poema, o eu lírico traduz a voz da África e o sofrimento dos homens e mulheres trazidos desse continente para o Brasil num regime de escravidão. Suplica a Deus que olhe para a situação daqueles escravos, e faz uso da hipérbole para reforçar seu desespero: *Há dois mil anos te mandei meu grito.*

• **Eufemismo**

O eufemismo é o emprego de uma expressão mais suave para comunicar algo desagradável ou forte. Exemplo:

ALMA MINHA GENTIL, QUE TE PARTISTE (*Luís Vaz de Camões*)

Alma minha gentil, **que te partiste**

tão cedo desta vida descontente,

repousa lá no Céu eternamente,

e viva eu cá na terra sempre triste. [...]

Nessa estrofe do soneto de Camões percebe-se que a temática é a saudade da mulher amada já falecida. O sujeito poético usa eufemismos para suavizar a ideia de morte: *que te partiste; repousa lá no Céu eternamente.*

• **Ironia**

A ironia consiste em expressar o oposto do que se quer dizer, com a intenção de criticar ou zombar. Exemplo:

POEMA EM LINHA RETA (*Álvaro de Campos* – heterônimo de *Fernando Pessoa*)

[...] Toda a gente que eu conheço e que fala comigo

Nunca teve um ato ridículo, nunca sofreu enxovalho,

Nunca foi senão príncipe – todos eles príncipes – na vida... [...]

Arre, estou farto de semideuses!

Onde é que há gente no mundo? [...]

Nesses versos pode-se depreender que todos os indivíduos que o eu lírico conhece são perfeitos à semelhança de semideuses. Portanto, afirma o contrário do que gostaria de dizer, pois, para ele, os homens são imperfeitos. Assim, vale-se da ironia para criticar o comportamento humano.

2.2 Características do poema em versos

O gênero textual literário poema apresenta características específicas. Veja a seguir algumas delas.

a) Verso

Para Gancho (1989), o poema é um texto composto por versos, e cada verso constitui uma síntese de pensamento, linguagem e sonoridade. Segundo a autora, ao final de cada verso ocorre uma pausa, de modo que a leitura e o entendimento do texto orientam-se pela organização em versos (verso, pausa, verso). Portanto, um verso equivale a uma linha do poema.

b) Estrofe

Goldstein (2006) define estrofe como um conjunto de versos em que uma linha em branco demarca no poema seu início e seu final. Cita os diferentes tamanhos que uma estrofe pode ter: um verso, dois versos (dístico), três versos (terceto), quatro versos (quadra ou quarteto), cinco versos (quinteto ou quintilha), seis versos (sexteto ou sextilha), sete versos (sétima ou septilha), oito versos (oitava), nove versos (novena), dez versos (décima).

Quando um poema estiver ordenado de modo fixo em dois quartetos e dois tercetos recebe o nome de soneto.

c) Métrica

De acordo com Moisés (2004), "métrica designa o conjunto de regras e normas relativas à medida e organização do verso, da estrofe e do poema como um todo". Para o autor, nas línguas românicas, considera-se a sílaba como a unidade rítmica e melódica do verso: o sistema de medição do verso é o silábico.

A divisão silábica poética não equivale à divisão silábica gramatical e denomina-se *escansão*.

Sorrenti (2009) esclarece que, para saber quantas sílabas poéticas há em um verso, conta-se até a sílaba tônica, levando-se em consideração a crase, a elisão e a ditongação. A autora explica:

• a crase significa a fusão de duas vogais iguais numa só. Ex.: a alma /al-ma/;

• a elisão consiste na supressão de vogal átona final de uma palavra, quando a seguinte começa por vogal. Ex.: Ele estava só /e-les-ta-va-só/;

• a ditongação é a fusão de uma vogal átona final com a seguinte, constituindo ditongo. Ex.: Este amor sobre o mar /es-tia-mor-so-briu-mar/.

Observe, a seguir, um exemplo de escansão de um poema com versos de onze sílabas, chamados endecassílabos.

I. JUCA PIRAMA (*Gonçalves Dias*)

No meio das tabas de amenos verdores,

No / mei / o / das / ta / bas / de ame / nos / ver / do / res,

Cercadas de troncos – cobertos de flores,

Cer / ca / das / de / tron / cos / – co / ber / tos / de / flo / res,

Alteiam-se os tetos d'altiva nação;

Al / teiam / -se os / te / tos / d'al / ti / va / na / ção;

São muitos seus filhos, nos ânimos fortes,

São / mui / tos / seus / fi / lhos, / nos / â / ni / mos / for / tes,

Temíveis na guerra, que em densas coortes

Te / mí / veis / na / gue / rra, / que em / den / sas / co / or / tes

Assombram das matas a imensa extensão. [...]

A / ssom / bram / das / ma / tas / a i / men / sa ex / ten / são. [...]

Para Goldstein (2006), conforme o número de sílabas poéticas, o verso classifica-se em:

1 sílaba: monossílabo

2 sílabas: dissílabo

3 sílabas: trissílabo

4 sílabas: tetrassílabo

5 sílabas: pentassílabo ou redondilha menor

6 sílabas: hexassílabo

7 sílabas: heptassílabo ou redondilha maior

8 sílabas: octossílabo

9 sílabas: eneassílabo

10 sílabas: decassílabo

11 sílabas: endecassílabo

12 sílabas: dodecassílabo ou alexandrino

Mais de doze sílabas: polimétrico

A autora afirma que o verso que obedece às regras clássicas da métrica é denominado verso regular; já o verso livre não segue nenhuma regra no que se refere ao metro, à posição das sílabas fortes e à presença ou regularidade de rimas. O verso livre passou a ser usado nas produções poéticas modernistas. Veja, a seguir, um poema com versos livres.

A BEIRA DO SALTO (*Douglas Ceccagno*)

se de existência padeces

e a inocência te escapa,

tenta antes a metaformose:

ao menos os peixes morrem

de alma lavada

d) Ritmo

Num texto poético, o ritmo é indispensável. Segundo Goldstein, o ritmo constitui-se pela "sucessão, no verso, de unidades rítmicas resultantes da alternância entre sílabas acentuadas (fortes) e não acentuadas (fracas); ou entre sílabas constituídas por vogais longas e breves" (2006,

p. 17). Para que haja ritmo num poema é preciso haver um cuidado especial com a escolha das palavras, a posição em que elas se encontram, o jogo de sons, o uso dos sinais de pontuação, entre outros aspectos.

e) Rima

A rima consiste na coincidência de sons. Num poema pode haver rima externa e interna. Goldstein (2006) coloca que a rima externa ocorre quando há repetição de sons semelhantes no final de versos diferentes; já a rima interna ocorre no interior do mesmo verso ou em posições variadas, como entre a palavra final de um verso e outra no interior do verso seguinte.

No entanto, a rima não é obrigatória no poema. Há versos que obedecem às regras métricas de versificação, mas não possuem rima. Eles são denominados *versos brancos*, cujo uso se tornou mais comum a partir do modernismo.

Atente para um exemplo de rima no final dos versos. No fragmento que segue do poema *Meus oito anos*, as rimas obedecem ao esquema ABBC DEEC.

MEUS OITO ANOS (*Casimiro de Abreu*)

Oh! que saudades que tenho (A)

Da aurora da minha vida, (B)

Da minha infância querida (B)

Que os anos não trazem mais! (C)

– Que amor, que sonhos, que flores, (D)

Naquelas tardes fagueiras (E)

À sombra das bananeiras (E)

Debaixo dos laranjais! [...] (C)

f) Sonoridade: outros recursos

Para dar sonoridade aos versos, o poeta emprega outros recursos, como a aliteração, a assonância, a paranomásia e o paralelismo. Veja a seguir.

- **Aliteração**

A aliteração é a repetição constante de um fonema consonantal no mesmo verso ou estrofe. Exemplo:

DUAS ESTAÇÕES (*Douglas Ceccagno*)
é **f**ato e não **f**al**h**a
em **f**uga do inve**rn**o
amores ete**rn**os
dão cabo dos te**rn**os
e **f**e**r**em-se **fr**ate**rn**os
no **fr**io da nava**lh**a.

- **Assonância**

A assonância consiste na repetição de um fonema vocálico no interior do verso. Exemplo:

CANÇÃO DO EXÍLIO (*Gonçalves Dias*)
Minha terra tem palm**ei**ras
Onde canta o sabiá.
As aves que aqui gorj**ei**am
Não gorj**ei**am como lá [...]

- **Paranomásia**

Segundo Moisés (2004), a paranomásia consiste no emprego de vocábulos semelhantes na forma ou no som, porém opostos ou semelhantes no sentido. Exemplo:

TROVAS (*Luís Vaz de Camões*)
Aquela **cativa**,
que me tem **cativo**,
porque nela **vivo**
já não quer que **viva**. [...]

• **Paralelismo**

Paralelismo é a repetição de palavras, frases e/ou orações que possuem o mesmo sentido ao longo do poema. Exemplo:

SEUS OLHOS (*Gonçalves Dias*)
Seus olhos tão negros, tão belos, tão puros,
De vivo luzir,
Estrelas incertas, que as águas dormentes
Do mar vão ferir;
Seus olhos tão negros, tão belos, tão puros,
Têm meiga expressão,
Mais doce que a brisa, – **mais doce** que o nauta
De noite cantando, – **mais doce** que a frauta
Quebrando a solidão, [...]

O poema:

• consiste num gênero textual literário com unidade de forma e de sentido, cujo objetivo é exprimir e comunicar poesia;

• é o texto da poesia; já a poesia é um ato, é criação, é o que sensibiliza o leitor por meio da linguagem poética;

• revela a voz que fala, denominada eu lírico ou eu poético, ou ainda sujeito poético;

• vale-se de uma linguagem elaborada, para que o aspecto formal revele as significações do texto;

• usa figuras de linguagem para ter mais expressividade;

apresenta características específicas: verso, estrofe, métrica, ritmo, rima, sonoridade, entre outras.

2.3 Análise ilustrativa de um poema

A CAROLINA (*Machado de Assis*)
Querida, ao pé do leito derradeiro
Em que descansas dessa longa vida,
Aqui venho e virei, pobre querida,
Trazer-te o coração do companheiro.

Pulsa-lhe aquele afeto verdadeiro
Que, a despeito de toda a humana lida,
Fez a nossa existência apetecida
E num recanto pôs um mundo inteiro.

Trago-te flores – restos arrancados
Da terra que nos viu passar unidos
E ora mortos nos deixa e separados.

Que eu, se tenho nos olhos malferidos
Pensamentos de vida formulados,
São pensamentos idos e vividos.

ASSIS, Machado de. A Carolina. In: _____. *Relíquias da casa velha*. Disponível em: <http://www.dominiopublico.gov.br/download/texto/bn000107.pdf>. Acesso em: 13 jul. 2015.

Conforme apontam estudiosos da literatura, o poema intitulado *A Carolina* foi escrito por Machado de Assis para homenagear sua esposa, após a morte da amada, com a qual manteve uma vida conjugal de trinta e cinco anos. Foi publicado em 1906 na obra *Relíquias da casa velha*.

O eu lírico dirige-se a Carolina com o uso do vocativo *Querida*, deixando transparecer todo o amor que lhe dedica. Demonstra um profundo sentimento de tristeza, em tom de despedida diante da morte da esposa, o que pode ser comprovado em: *Querida, ao pé do leito derradeiro / Em que descansas dessa longa vida*. Nesses versos ocorre um eufemismo, ou seja, o emprego de uma expressão mais suave, *leito derradeiro*, para falar de algo triste, a sepultura.

No terceiro verso da primeira estrofe, o sujeito poético afirma que está na sepultura da amada e sempre irá até lá; no quarto verso, faz uso da metonímia para dizer que nessas idas à sepultura lhe trará seu coração, que simboliza todo o seu amor. Essa figura de linguagem constitui-se por meio do uso do símbolo (o coração) pela coisa simbolizada (o amor).

É possível depreender, no segundo quarteto, que o eu lírico fala do grande amor que existe entre ele e Carolina, marcado pelo sentimento verdadeiro que os unia. Isso transparece por meio da metáfora *Pulsa-lhe aquele afeto verdadeiro*. Diz ainda que, independente da rotina, foi um relacionamento exemplar, e para os dois só o amor bastava.

No primeiro terceto, o sujeito poético diz que traz flores à sepultura de Carolina, oriundas da terra, que foi testemunha do amor que os uniu. No verso *Da terra que nos viu passar unidos*, temos uma prosopopeia, visto que é atribuída ao elemento terra uma ação humana, a de ver. Para o sujeito poético, essa mesma terra que antes viu o casal unido, agora os separa: *E ora mortos nos deixa e separados*. Há, nesses dois últimos versos, uma antítese, isto é, o emprego de palavras que se opõem quanto ao sentido: *unidos/separados*.

Todo o último terceto constitui uma metáfora. Essa figura de linguagem faz alusão ao fato de os olhos do eu lírico expressarem pensamentos de dor por uma vida que já findou.

Quanto ao aspecto formal, o poema constitui um soneto clássico, pois é composto por dois quartetos e dois tercetos. No que se refere à métrica, os versos são decassílabos, com esquema de rimas ABBA, ABBA, CDC, DCD.

Para dar sonoridade aos versos, o sujeito poético emprega outros recursos, como a aliteração e a assonância.

No que diz respeito à aliteração, percebe-se o uso reiterado dos fonemas consonantais "r" e "rr". Essa repetição sonora pode sugerir o poder grandioso e avassalor que a morte tem sobre o ser humano. Exemplos: derradeiro, coração, restos, arrancados, terra, mortos, separados.

Destaca-se também, nesse soneto, a assonância, ou seja, a repetição do fonema vocálico "i" no interior do poema. Essa assonância ecoa como um lamento do eu lírico, mostrando sua dor pela morte da mulher amada. Exemplos: querida, vida, virei, lida, apetecida, unidos, malferidos, ido, vivido.

Assim, percebe-se que a escolha das palavras e a repetição dos fonemas consonantais e vocálicos contribuem para dar um tom de sofrimento e tristeza ao poema.

2.4 Estudo de texto

I. Pré-leitura

1) O que é um poema?

2) Você gosta de poemas? Lembra-se de um poema ou de alguns versos? Declame o poema ou um fragmento dele para seus colegas e professor.

3) Faça uma leitura inspecional do poema que segue. Qual é o título? Quem é o autor?

II. Leitura

1) Leitura silenciosa do poema.

2) Leitura em voz alta do gênero pelo professor ou por um aluno.

VERSOS ÍNTIMOS (*Augusto dos Anjos*)
Vês?! Ninguém assistiu ao formidável
Enterro de tua última quimera.
Somente a Ingratidão – esta pantera –
Foi tua companheira inseparável!

Acostuma-te à lama que te espera!
O Homem, que, nesta terra miserável,
Mora, entre feras, sente inevitável
Necessidade de também ser fera.

Toma um fósforo. Acende teu cigarro!
O beijo, amigo, é a véspera do escarro,
A mão que afaga é a mesma que apedreja.

Se a alguém causa inda pena a tua chaga,
Apedreja essa mão vil que te afaga,
Escarra nessa boca que te beija!

ANJOS, Augusto dos. *Versos íntimos*. Disponível em: <http://www.dominio publico.gov.br/download/texto/bn00054a.pdf>. Acesso em: 11 ago. 2015.

III. Atividades orais de interpretação

1) O soneto inicia como se começasse um diálogo. Que vocábulo comprova isso?

2) Como o eu lírico se dirige ao seu interlocutor? Quem pode ser o interlocutor?

3) A partir da leitura da primeira estrofe, pode-se concluir que os homens são seres compadecidos ou solitários? Por quê?

4) O que expressa o verbo *Acostuma-te* no verso *Acostuma-te à lama que te espera!*? Qual é o sentido desse verso?

5) O que podem simbolizar as *feras* que o texto menciona na segunda estrofe?

6) Em que estrofe percebe-se um tom de conversa cotidiana? Que verso(s) comprova(m) isso?

7) No verso *O beijo, amigo, é a véspera do escarro*, as palavras *beijo* e *escarro* foram empregadas no sentido figurado. A que fazem alusão esses vocábulos?

8) O primeiro terceto revela a decepção do eu lírico com os seres humanos. Como você explica essa afirmação?

9) O poema demonstra uma visão pessimista ou positiva da vida? Por quê?

IV. Atividades escritas de interpretação

1) Com que significado foi empregado o vocábulo *quimera* nos versos: *Vês?! Ninguém assistiu ao formidável / Enterro de tua última quimera?* (primeira estrofe).

2) Qual é o sentido da palavra *vil* no verso: *Apedreja essa mão vil que te afaga?* (última estrofe).

3) No primeiro quarteto, chama a atenção o fato de o eu lírico enfatizar a infelicidade e a solidão. Explique essa afirmação com base na estrofe.

4) Por que a palavra *Ingratidão* está grafada com letra maiúscula? (segundo quarteto).

5) Como você interpreta o verso *O beijo, amigo, é a véspera do escarro?* (primeiro terceto).

6) Pode-se afirmar que o primeiro terceto deixa transparecer a esperança e a confiança nos homens? Explicite sua resposta.

7) No verso *Se a alguém causa inda pena a tua chaga* (segundo terceto), o eu lírico emprega as palavras no sentido figurado. O que você depreende do verso, levando em conta o contexto?

8) Atente para os versos: *Se a alguém causa inda pena a tua chaga, / Apedreja essa mão vil que te afaga,/ Escarra nessa boca que te beija!* (segundo terceto). Como você os interpreta, considerando o sentido global do poema?

9) Qual é a relação do título *Versos íntimos* com o tema do poema?

10) Assinale a resposta adequada, considerando o sentido do poema. Pode-se depreender do poema a presença reiterada do(a):

a) (   ) conformidade.

b) (   ) confiança.

c) (   ) pessimismo.

d) (   ) euforia.

V. Práticas de análise da linguagem e reflexão linguística

1) Que figura de linguagem está presente nos versos: *Enterro de tua última quimera?* (primeiro quarteto). Como você interpreta esse fragmento?

2) Observe o verso: *Somente a Ingratidão – esta pantera –* (primeiro quarteto). Qual figura de linguagem você identifica? Que relação esse verso estabelece com o poema?

3) O que você entende por *O Homem, que, nesta terra miserável, / Mora, entre feras, sente inevitável / Necessidade de também ser fera?* (segundo quarteto). Identifique a figura de linguagem empregada nesses versos.

4) O que você depreende do verso *A mão que afaga é a mesma que apedreja?* (primeiro terceto). Qual é a figura de linguagem presente nesse verso?

5) Atente para o verso: *O beijo, amigo, é a véspera do escarro* (primeiro terceto).

a) Qual é a função que o vocábulo *amigo* desempenha? Assinale a resposta correta.

( ) aposto

( ) vocativo

b) No que o uso da palavra *amigo* contribui para o sentido do poema?

c) Se retirássemos a vírgula antes e depois da palavra amigo, o sentido permaneceria o mesmo? Justifique.

6) No decorrer do soneto há verbos no modo imperativo.

a) Identifique esses verbos.

b) O que isso demonstra, considerando o sentido global do poema?

7) Por que *Versos íntimos* se caracteriza como um soneto?

8) Quanto ao número de sílabas poéticas, como podemos classificar os versos desse soneto?

9) No poema em análise, há rima no final dos versos. Assinale a resposta correta no que se refere ao esquema rítmico.

a) (   ) ABBA; ABBA; CDC; DCD.

b) (   ) ABBA; BAAB; CCD; DDD.

c) (   ) ABBA; BAAB; CCD; EED.

2.5 Produção textual

I. Produção escrita

Conforme Moisés, a paródia "designa toda composição literária que imita, cômica ou satiricamente, o tema ou/e a forma de outra obra" (2004, p. 340).

Leia a seguir um fragmento de uma paródia produzida por Casimiro de Abreu a partir do poema *Canção do Exílio*, de Gonçalves Dias.

CANÇÃO DO EXÍLIO (*Gonçalves Dias*)

Minha terra tem palmeiras,

Onde canta o Sabiá;

As aves, que aqui gorjeiam,

Não gorjeiam como lá.

Nosso céu tem mais estrelas,
Nossas várzeas têm mais flores,
Nossos bosques têm mais vida,
Nossa vida mais amores.

Em cismar, sozinho, à noite,
Mais prazer encontro eu lá;
Minha terra tem palmeiras,
Onde canta o Sabiá.

Minha terra tem primores,
Que tais não encontro eu cá;
Em cismar – sozinho, à noite,
Mais prazer encontro eu lá;
Minha terra tem palmeiras,
Onde canta o Sabiá.

Não permita Deus que eu morra,
Sem que volte para lá;
Sem que desfrute os primores
Que não encontro por cá;
Sem qu'inda aviste as palmeiras,
Onde canta o Sabiá.

DIAS, Gonçalves. *Canção do exílio*. Disponível em: <http://www.dominio publico.gov.br/download/texto/bn000100.pdf>. Acesso em: 10 ago. 2015.

CANÇÃO DO EXÍLIO (*Casimiro de Abreu*)
Se eu tenho de morrer na flor dos anos,
Meu Deus! não seja já;
Eu quero ouvir na laranjeira, à tarde,
Cantar o sabiá!

Meu Deus, eu sinto e tu bem vês que eu morro
Respirando este ar;
Faz que eu viva, Senhor! dá-me de novo
Os gozos do meu lar!

O país estrangeiro mais belezas
Do que a pátria, não tem;
E este mundo não vale um só dos beijos
Tão doces duma mãe!
Dá-me os sítios gentis onde eu brincava
Lá na quadra infantil;
Dá que eu veja uma vez o céu da pátria,
O céu do meu Brasil!

Se eu tenho de morrer na flor dos anos,
Meu Deus! não seja já!
Eu quero ouvir na laranjeira, à tarde,
Cantar o sabiá!

Quero ver esse céu da minha terra
Tão lindo e tão azul!
E a nuvem cor-de-rosa que passava
Correndo lá do sul! [...]

ABREU, Casimiro de. *Canção do exílio*. Disponível em: <http://www.dominio
publico.gov.br/download/texto/wk000460.pdf>. Acesso em: 10 ago. 2015.

Agora é a sua vez de tornar-se um autor! Produza uma paródia, em forma de poema, com base na *Canção do exílio,* de Gonçalves Dias. Para isso, use sua criatividade e considere a situação atual do Brasil.

II. Reescrita

A partir das inadequações verificadas por meio de sua própria leitura e das anotações do professor em seu poema, reescreva seu texto.

III. Produção oral

Recite a paródia que você produziu para os colegas e professor.

3 Miniconto

O miniconto é um gênero textual narrativo literário conciso, com um só conflito, poucas personagens e número reduzido de ações, que ocorrem em tempo e espaço limitados. Esse gênero é escrito em prosa; apresenta narrador e o tempo é indicado especialmente por formas verbais e adverbiais. Constitui uma narrativa bem mais condensada do que o conto, mas é completa e não um simples fragmento de texto.

Lagmanovich (2009) afirma que o miniconto possui um título significativo, um elemento praticamente indispensável. Para ele, o gênero pode expor situações muito distantes da realidade, apresentar mundos inexistentes e inverter a ordem natural das coisas.

O autor prossegue dizendo que a primeira ação no miniconto não é necessariamente a ação inicial em ordem cronológica. Acrescenta que o gênero admite diversas estratégias discursivas em seu breve enredo e termina com um final que, embora não desencadeie obrigatoriamente surpresa no leitor, proporciona-lhe certo conhecimento a respeito do fechamento da narrativa.

De acordo com Capaverde (2004), o miniconto não ultrapassa duas páginas de extensão. A autora destaca que o gênero tem sua origem na tradição oral e o denomina também de microconto, microrrelato, minificção, conto brevíssimo ou conto em miniatura.

O miniconto possui três características essenciais, conforme Lagmanovich (2009): a narratividade, a ficcionalidade e a brevidade ou concisão.

A narratividade é inerente aos textos que relatam fatos, envolvendo personagem, ação, movimento, tempo e espaço. Por sua vez, a ficcionalidade refere-se a fatos oriundos da imaginação ou invenção.

Com relação à terceira característica do miniconto, Lagmanovich (2009) esclarece que prefere usar a palavra concisão em vez de brevidade, pois um texto conciso não é o mesmo que um texto curto; um texto mais extenso também pode ser conciso se não há excessos, se nada é supérfluo e se são usadas apenas palavras indispensáveis. Para o autor, uma escrita concisa equivale a dizer muito com poucas palavras, o que é uma virtude dos grandes escritores.

Nesse sentido, Spalding (2008) faz uma ressalva ao afirmar que o miniconto precisa ter certo grau de determinação para que o leitor possa preencher os seus vazios a partir da estrutura proposta. Logo, o leitor torna-se coautor da produção literária.

Lagmanovich (2009) concebe o miniconto como um produto literário autossuficiente e autônomo. Ressalta que, apesar da rapidez da escrita e da leitura, o texto mantém significados diversos e profundos.

Para Rodrigues, Souza e Souza, o miniconto requer dos leitores "uma postura investigatória diante dos mais simples objetos significantes em seus mais recônditos detalhes, o que culmina, quando de uma bem-sucedida leitura, no prazer da descoberta" (2013, p. 88). Assim, o papel do leitor é essencial na construção do sentido desse gênero e as escolhas do autor devem ser exatas para auxiliar o leitor nesse processo.

Spalding (2008) coloca que, apesar de o miniconto ser curto, produz um efeito no leitor. Ou seja, pode gerar diferentes reações ou emoções: o leitor se identifica, sonha, ri, chora, se amedronta, se enfurece e até reflete sobre suas vivências.

Geralmente, o narrador é anônimo e não participa dos fatos narrados, constituindo-se em mero observador: narra os fatos como se conhecesse tudo o que se passa na trama. Contudo, ele pode também ser um narrador-personagem que participa das ações.

Spalding (2008) atribui a disseminação do miniconto à internet, por ele ter o tamanho adequado à leitura na tela do computador, uma vez que a objetividade e a rapidez são características do mundo contemporâneo.

Entre os escritores estrangeiros que produzem minicontos, segundo Capaverde (2004), destacam-se: Juan José Arreola, Augusto Monterroso e René Avilés Fabila (no México); Luis Brito Garcia, Gabriel Jimenez Emán e Ednodio Quinteros (na Venezuela); Julio Cortázar, Marco Denevi e Ana Maria Shua (na Argentina). Já na literatura brasileira, sobressaem-se Dalton Trevisan, Luiz Rufatto, Sérgio Sant'Anna, Tatiana Blum,

Miguel Sanches Neto, Antonio Torres, João Gilberto Noll e Millôr Fernandes, entre outros.

No Brasil, Dalton Trevisan foi o pioneiro na produção desse gênero, com o livro *Ah, é?* Spalding (2008) afirma que, a partir dessa obra e com a publicação de vários livros com minicontos, houve uma reinvenção e revitalização do conto na literatura brasileira. Entre os minicontos do autor, com menos de duas páginas, destacam-se *Cemitério de elefantes* (1964), *Uma vela para Dario* (1964), *Bonde* (1968), *O ciclista* (1968) e *Apelo* (1968).

O miniconto mais famoso do mundo é do escritor Augusto Monterroso: *O dinossauro*. É um miniconto unifrásico, com apenas sete palavras, que gerou muitos estudos e persiste na tradição literária. Conforme Spalding (2008), não existe nenhum texto unifrásico como esse, e também não são comuns os minicontos com menos de um parágrafo.

De acordo com o autor, o miniconto unifrásico consiste "numa narrativa que se constrói para fazer aparecer artificialmente algo que estava oculto" (2008, p. 72). Exemplo:

Por que é que eu nunca anotei o número da emergência? (Douglas Ceccagno, *Tarde.*)

O texto de Ceccagno possibilita a cada leitor recriar a situação sugerida pelas onze palavras que o compõem.

O miniconto:

- é um gênero textual narrativo literário conciso;
- possui um só conflito;
- tem poucas personagens;
- contempla pequeno número de ações num tempo e espaço reduzidos;
- é uma narrativa completa bem mais condensada do que o conto;
- é escrito em prosa, no máximo em duas páginas;
- apresenta narrador;
- indica o tempo por meio de formas adverbiais e verbais;
- caracteriza-se pela narratividade e ficcionalidade.

3.1 Análise ilustrativa de um miniconto

AS FLORES CRESCERAM (*Douglas Ceccagno*)

As flores cresceram e invadiram o meu espaço, o meu ar; preencheram todos os vazios da casa, enfeitaram o meu campo de visão, esconderam a sujeira das paredes e os defeitos do carpete. Na minha cama já não se veem lençóis manchados, na cozinha a louça suja e o fogão engordurado foram cobertos pelos caules, na sala de estar não há poeira sobre a estante, no banheiro desapareceram os cabelos da pia e, na privada, não se encontram nem água suja nem restos de excrementos. Meus sapatos embarrados estão longe do meu alcance, da mesma forma que minhas camisas suadas e o ocre de minhas roupas íntimas. As flores reduziram meu espaço ao canto da sala e tomaram de mim tudo o que era meu: minha casa, meu ar, meus movimentos, meu corpo, minha liberdade, meu desejo, meu sonho, minha vida e minha morte, meu futuro. Agora são elas que me fornecem nutrientes para que eu cresça viçoso e alegre e que acredite que tenho ao meu redor todas as belezas da Terra. E fui eu que, no princípio, as alimentei.

CECCAGNO, Douglas. *As flores cresceram* [mensagem pessoal]. Mensagem recebida por <vskoche@ucs.br> em 15 maio 2014.

As flores cresceram, do escritor Douglas Ceccagno, consiste num miniconto por ser uma narrativa concisa e condensada. O protagonista é a única personagem e também o narrador dos fatos. O emprego do adjetivo *viçoso*, no fragmento [...] *para que eu cresça viçoso* [...], mostra que a personagem é do sexo masculino.

No miniconto há um só conflito: o homem observa as flores tomarem conta de um espaço que antes ele ocupara.

As ações ocorrem em um único espaço, a casa do protagonista. Este narra os fatos no ambiente onde vivia: *As flores reduziram meu espaço ao canto da sala* [...]. As descrições mostram como era esse ambiente e como está no momento em que fala: as flores invadiram sua casa, quer enfeitando, quer escondendo a sujeira, os defeitos e a desorganização; os objetos pessoais, tudo o que era seu e o que ele era cederam lugar às flores.

A escolha lexical do narrador materializa a situação da casa. Para descrevê-la antes de as flores tomarem conta do ambiente usa palavras e expressões que remetem ao desleixo, como: *sujeira das paredes, defeitos do carpete, lençóis manchados, louça suja, fogão engordurado, poeira sobre a estante, sapatos embarrados* e *camisas suadas*. Já para caracterizar a casa em um momento posterior opta por vocábulos que lembram um ambiente agradável e feliz: *enfeitaram, nutrientes, viçoso, alegre* e *belezas*.

A marcação do tempo ocorre por meio de adjuntos adverbiais (*no princípio* – remete ao passado; *agora* – refere-se ao presente). O emprego dos verbos também delimita o tempo. O narrador usa o presente para caracterizar o ambiente exatamente como o vislumbra no momento da enunciação. Vale-se ainda do pretérito perfeito do indicativo para assinalar a relação que existe entre o ambiente de outrora e o atual.

No final do texto, a personagem conclui que as flores lhe oferecem todas as belezas. Elas simbolizam o belo, a perfeição, a própria alma, o desapego à vida e a evolução espiritual do homem.

Alguns elementos do texto podem sugerir que o protagonista narra os fatos após sua morte: *Agora são elas* [as flores] *que me fornecem nutrientes para que eu cresça viçoso* [...].

A linguagem figurada está presente no miniconto. Exemplo: *As flores* [...] *tomaram de mim tudo o que era meu: minha casa, meu ar, meus movimentos, meu corpo, minha liberdade, meu desejo, meu sonho, minha vida e minha morte, meu futuro*. Essa metáfora pode representar que, com a morte, nada resta do ser humano.

3.2 Estudo de texto

I. Pré-leitura

1) Você já leu minicontos? Cite alguns.

2) Para você, o que é um miniconto?

3) Qual é o título do miniconto que você lerá?

4) Quem é o autor desse texto?

5) Em que obra esse miniconto foi publicado?

6) Qual é o país de origem desse miniconto? Como você chegou a essa conclusão?

7) Você já leu outros textos desse autor? Qual(is)?

8) O que representa *matar o Tempo*, a partir da primeira frase do miniconto: *Como a viatura atravessava o bosque, ele a fez parar nas proximidades de um estande de tiro ao alvo, dizendo que lhe era agradável atirar algumas balas para matar o Tempo.*

9) A partir do título e da primeira frase do texto, imagine a possível trama do miniconto.

II. Leitura

1) Leitura silenciosa do miniconto.

2) Leitura em voz alta do gênero pelo professor ou por um aluno.

O GALANTE ATIRADOR (*Charles Baudelaire*)

1 Como a viatura atravessava o bosque, ele a fez parar nas proximidades de um estande de tiro ao alvo, dizendo que lhe era agradável atirar algumas balas para matar o Tempo. Matar esse monstro não é a ocupação mais comum e a mais legítima de cada um? E ofereceu galantemente a mão para sua amada, deliciosa e execrável mulher, a esta misteriosa mulher à qual lhe devia muito em prazeres, muito em dores, e pode ser também uma grande parte da sua genialidade.

2 Várias balas bateram longe do alvo desejado; uma delas afundou-se ainda no teto. E como a charmosa criatura ria loucamente, zombando da inabilidade de seu marido, este virou-se bruscamente para ela e lhe disse: "Observe esta boneca, lá, à direita, que tem o nariz arrebitado e as feições tão altivas. Muito bem! Meu anjo querido, eu imagino que seja você". E ele fechou os olhos e puxou o gatilho. A boneca foi literalmente decapitada.

3 Depois, inclinando-se sobre sua amada, sua deliciosa, sua execrável mulher, sua inevitável e implacável Musa, e, beijando-lhe respeitosamente a mão, acrescentou: "Ah! Meu anjo querido, como lhe agradeço por minha pontaria!"

BAUDELAIRE, Charles. Le galant tireur. In: _____. *Le Spleen de Paris:* petits poèmes en prose. Disponível em: <http://www.dominiopublico.gov.br/download/texto/ga000040.pdf>. Acesso em: 02 jun. 2014. Tradução e adaptação das autoras.

III. Atividades orais de interpretação

1) As hipóteses que você levantou a respeito da trama do miniconto se confirmam após a leitura? Comente.

2) Quem é o protagonista desse miniconto? Como ele é nomeado?

3) Onde ele se encontra? Quem o acompanha?

4) O que o protagonista pretende a princípio?

5) Ele consegue atingir seu objetivo? Por quê?

6) Qual é a reação da mulher diante disso?

7) O texto sugere que ele ficou irritado com a reação da amada? Por quê?

8) O que ocorre no fechamento da narrativa?

9) No miniconto há vazios que precisam ser preenchidos pelo leitor. Com base nisso, o que podem representar as seguintes ações do protagonista: inclinou-se sobre sua mulher e beijou sua mão?

10) Atente para a frase: *"Ah! Meu anjo querido, como lhe agradeço por minha pontaria!"* (terceiro parágrafo). Com base nessa afirmação, qual é o possível sentimento que o protagonista nutre pela esposa?

IV. Atividades escritas de interpretação

1) Substitua as palavras ou expressões por outras de mesmo sentido, considerando o contexto em que foram empregadas.

 a) galante (título):

 b) estande de tiro ao alvo (parágrafo 1):

 c) legítima (parágrafo 1):

 d) execrável (parágrafo 1):

 e) altivas (parágrafo 2):

 f) decapitada (parágrafo 2):

 g) implacável (parágrafo 3):

 h) Musa (parágrafo 3):

2) Quais são as personagens envolvidas na trama do miniconto *O galante atirador*? Caracterize-as.

3) Em torno de que conflito se desenvolve o miniconto?

4) Referindo-se ao *Tempo*, o narrador questiona o leitor: *matar esse monstro não é a ocupação mais comum e a mais legítima de cada um?* (parágrafo 1). Qual é a sua posição frente a essa pergunta?

5) Podemos dizer que o protagonista escolhe a boneca com *o nariz arrebitado e as feições tão altivas* por achá-la parecida com a própria esposa? (parágrafo 2). Justifique.

6) O que sugerem as ações narradas no fechamento do miniconto?

7) Que efeito esse miniconto provoca em você, leitor?

8) Cite características que contribuem para que *O galante atirador* se configure como um miniconto.

V. Práticas de análise da linguagem e reflexão linguística

1) Observe quem narra os fatos no texto.

a) Qual é a posição do narrador em relação aos fatos do miniconto? Comprove sua resposta com um fragmento do texto.

b) Que tempo verbal prepondera? Exemplifique.

c) Por que o narrador usa esse tempo verbal?

2) No início e no final do miniconto o narrador repete os adjetivos *amada*, *deliciosa* e *execrável* para qualificar a mulher.

a) Que efeito o uso desse recurso ocasiona na construção do sentido do texto?

b) Constata-se, nesse trecho, a presença da figura de linguagem denominada antítese? Explique, relacionando com o sentido do miniconto.

3) No texto, o narrador afirma que o protagonista devia à sua mulher *muito em prazeres, muito em dores* (parágrafo 1).

a) O que sugere a fala do protagonista?

b) Nesse fragmento, observa-se a presença da antítese? Justifique com base no sentido global do texto.

4) É possível depreender ironia na fala do homem dirigida à sua esposa: *"Ah! Meu anjo querido, como lhe agradeço por minha pontaria!"*? (parágrafo 3). Por quê?

5) Conforme o texto, o *Tempo* é um monstro. O que simboliza essa metáfora?

6) Atente no texto para a transcrição das falas das personagens.

a) Prevalece o discurso direto ou indireto? Exemplifique.

b) Qual é o tempo verbal predominante? Por que há o uso desse tempo verbal?

7) Leia com atenção o fragmento a seguir e faça o que se pede.

[...] *este virou-se bruscamente para ela e lhe disse: "Observe esta boneca, lá, à direita, que tem o nariz arrebitado e as feições tão altivas. Muito bem! Meu anjo querido, eu imagino que seja você"* (parágrafo 2).

a) Reescreva a fala da personagem, transformando o discurso direto em indireto. Realize os ajustes necessários.

b) Na reescrita da fala, que mudança houve em relação ao uso dos tempos verbais? Por que aconteceu essa alteração?

8) No miniconto em estudo há várias palavras vinculadas ao campo semântico *morte*.

a) Destaque cinco vocábulos pertencentes a esse campo semântico.

b) Que relação pode ser estabelecida entre o uso desses vocábulos e o desfecho do miniconto?

3.3 Produção textual

I. Produção escrita

A seguir, você tem o início de um miniconto escrito por Charles Baudelaire. Use sua imaginação e dê continuidade à narrativa. Lembre-se de que esse gênero textual preza sobretudo pela objetividade e concisão.

A SOPA E AS NUVENS (*Charles Baudelaire*)

Minha louquinha bem-amada me serviu o jantar, e pela janela aberta da sala eu contemplava as movediças arquiteturas que Deus faz com as nuvens, as maravilhosas construções do impalpável. E eu refletia em meio à minha contemplação: "Todas estas fantasmagorias são quase tão belas quanto os olhos da minha bela bem-amada, a louquinha monstruo-sa de olhos verdes".

Subitamente ....

II. Reescrita

A partir das observações de seu professor e mediante as inadequações verificadas por meio de sua própria leitura, reescreva seu miniconto.

III. Produção oral

Leia para os colegas e professor o miniconto ao qual você deu conti-nuidade. Assim, poderá mostrar sua criatividade.

4 Conto de enigma

O conto de enigma é um gênero textual narrativo literário cujo elemento principal é um mistério, geralmente um crime a ser desvendado por meio do raciocínio lógico.

O cerne do enredo é a elucidação do enigma. Por isso, a vontade de saber, a curiosidade, o suspense, o medo frente ao desconhecido e o espanto são elementos importantes desse gênero. A ação é fundamental, pois ela desencadeia todos os fatos da narrativa.

O conto de enigma apresenta um indivíduo que investiga os fatos na tentativa de esclarecer o mistério. Na maioria das vezes, ele é o protagonista. Outras personagens são comuns nesse tipo de conto: a vítima, o inocente, o suspeito e o culpado a ser descoberto.

O conto de enigma segue o modelo mais comum de conto, indicado por Soares (1997): *apresentação*, *complicação*, *clímax* e *desfecho*.

a) **Apresentação:** mostra determinada situação, considerada equilibrada e estável. Quase sempre expõe as personagens e dados referentes à dimensão temporal e espacial em que transcorrem os fatos narrados. Às vezes, nesta parte, acontece a apresentação do enigma. Outras vezes, o enigma só aparece na complicação.

b) **Complicação:** ocorre quando há uma perturbação do equilíbrio inicial decorrente de um conflito, tornando-se necessária uma mudança. Apresenta as tentativas de elucidar o enigma e, às vezes, ele é desvendado ainda nesta etapa.

c) **Clímax:** relata o momento em que a ação chega ao seu ponto crítico, o qual conduz ao desfecho.

d) **Desfecho:** concretiza-se com a resolução do conflito que, quase sempre, equivale à solução do enigma. Assim, o equilíbrio é restabelecido.

No início do texto o narrador pode expor algumas pistas acerca do enigma que mais tarde servirão para esclarecer o mistério e incriminar o culpado. À medida que se descobrem pistas, aparecem prováveis culpados e novos suspeitos, além de álibis. Segundo Barbosa (2011), um investigador soluciona gradativamente o enigma: levanta várias hipóteses sucessivas e descarta outras inconsistentes.

Para a autora, a escrita de um conto de enigma está no tênue limite entre proporcionar pistas verdadeiras e falsas e desvendar a trama até o final com coerência. Acrescenta que não é viável dar uma solução mágica no final, apresentando uma grande quantidade de elementos não mencionados anteriormente na história. Em relação a isso, Barbosa e Rovai (2012) afirmam que, no conto de enigma, cada incidente caminha em direção ao desfecho previsto, a fim de que o texto tenha uma lógica.

No conto de enigma o leitor tem um papel ativo na construção do sentido: raciocina, interage com o texto, identifica-se com as personagens e assume uma postura investigativa, tentando desvendar o mistério.

Nesse sentido, Gonçalves (2007) coloca que o narrador faz do leitor um detetive: fornece-lhe as pistas, mas não lhe permite adivinhar o pensamento nem antever as deduções. Segundo Barbosa e Rovai (2012), leitor e detetive se fundem num único objetivo: o de solucionar os enigmas propostos pela ficção.

O leitor do conto de enigma acompanha todo o desenrolar das ações por meio do olhar do narrador. Este pode não participar dos fatos da história ou ser um narrador-personagem, que desconhece o desfecho do conto, e, assim, aguça a curiosidade do leitor.

De acordo com Barbosa (2011), o leitor precisa estar atento aos pequenos indícios que poderão levá-lo à resolução do enigma, sem se deixar influenciar pelas aparências, armadilhas, mentiras e provas falsas. Na maioria das vezes, a resolução é inesperada e surpreendente.

O conto de enigma vale-se normalmente da linguagem comum. Constata-se a presença de diálogos, e as falas das personagens podem apresentar linguagem familiar e popular.

Barbosa (2011) esclarece que o conto de enigma é um tipo particular de narrativa policial. Destaca que Edgar Allan Poe foi o precursor da narrativa policial ou de enigma, com a publicação do conto *Os crimes da Rua Morgue* (1841). Nesse conto, Poe insere no enredo o detetive Auguste Dupin, responsável por desvendar o mistério.

Entre os autores brasileiros que produzem conto de enigma, destacam-se Caio Fernando Abreu, Coelho Neto e Luís Martins.

Segundo Gonçalves (2007), a narrativa de enigma atrai o interesse dos jovens, pois é um gênero com características de jogo, e se faz presente em suas vidas sob diversas roupagens: novelas, filmes, minisséries, desenhos animados, romances, entre outras.

Barbosa e Rovai (2012) destacam que ninguém resiste a uma boa trama, sobretudo de crime e mistério. Afirmam que explorar o conto de enigma constitui uma ótima oportunidade para conquistar jovens leitores e trazê-los para o mundo da literatura de ficção.

4.1 Tipologias textuais

Um conto de enigma pode conter diferentes sequências tipológicas. Para Marcuschi (2002), tipologia textual é uma espécie de sequência teoricamente definida pela natureza linguística predominante em sua composição – aspectos lexicais, sintáticos, tempos verbais e relações lógicas.

As tipologias usadas na produção de um conto de enigma são a narrativa, a descritiva, a injuntiva, a dialogal, a preditiva e, raramente, a dissertativa e a explicativa. Observe, a seguir, as características de cada uma das tipologias textuais.

a) Tipologia textual narrativa

A narração é a tipologia textual de base do conto de enigma, pois este relata situações, fatos e acontecimentos imaginários. Mobiliza personagens, situados em determinado tempo e lugar. Na maioria das vezes, os acontecimentos narrados seguem a ordem cronológica. Na narração, há, portanto, anterioridade e posterioridade.

Segundo Bronckart (1999), a sequência narrativa é sustentada por um processo de intriga que consiste em selecionar e organizar os acontecimentos de modo a formar um todo, uma história ou ação completa, com início, meio e fim. Exemplo:

Certa vez, aproximou-se da moça um estranho cavalheiro. Ela o observou e ficou intrigada, pois ele possuía uma cicatriz muito grande na face e uma arma na cintura. A moça afastou-se receosa do que poderia lhe acontecer. (Texto das autoras.)

b) Tipologia textual descritiva

A tipologia textual descritiva também está presente no conto de enigma, visto que possibilita ao leitor recriar as personagens, caracterizar os locais e outros elementos da narrativa. A forma como as personagens e o ambiente são descritos pode contribuir para criar um clima de suspense e tensão no desenvolvimento da trama, até que se atinja o desfecho. Os adjetivos e as locuções adjetivas auxiliam na caracterização de uma atmosfera de medo e insegurança, sobretudo mostrando aspectos sombrios e, a princípio, incompreensíveis.

Para Vilela e Koch (2001), a descrição consiste na exposição das propriedades, qualidades e características de objetos, ambientes, ações ou estados. A descrição permite ao leitor visualizar o objeto apresentado, concebendo-o mentalmente a partir da observação.

A tipologia textual descritiva é construída de forma concreta e estática, sem progressão temporal, com o uso de adjetivos ou locuções adjetivas e advérbios. Predominam os verbos de estado, no presente ou no pretérito imperfeito do indicativo. Exemplo:

O morro era bastante íngreme. Era um caminho lamacento; aqui e ali havia rochas, o que tornava cada vez mais difícil percorrer o trajeto. (Texto das autoras.)

c) Tipologia textual dialogal

A presença da tipologia textual dialogal é comum no conto de enigma. Para Bronckart (1999), essa tipologia ocorre somente nos segmentos de discursos interativos dialogados. Essa tipologia concretiza-se quando há no mínimo dois interlocutores que efetuam trocas verbais. Os interlocutores cooperam na produção do texto, uma vez que este se constrói através da interação verbal, em que um enunciado determina o enunciado do outro. Exemplo:

– Quem é você?

– Não me reconhece? Sou aquele que o salvou na queda do avião. (Texto das autoras.)

d) Tipologia textual injuntiva

A tipologia textual injuntiva também se faz presente no conto de enigma. De acordo com Travaglia (1991), a injunção objetiva incitar à realização de uma situação, requerendo-a ou desejando-a, ensinando ou não como realizá-la. Constitui-se principalmente no discurso do fazer (ações) e do acontecer (fatos, fenômenos). Para o autor, cabe ao interlocutor fazer aquilo que se solicita ou se determina que seja realizado, em um momento posterior ao da enunciação. Assim, predominam os verbos no modo imperativo. Exemplo:

– Saia deste quarto, pois lá fora o sol está radiante. Vá se divertir. (Texto das autoras.)

e) Tipologia textual preditiva

Conforme Travaglia (1991), a predição é uma antecipação de situações cuja realização será posterior ao tempo da enunciação. Para o autor, constitui sempre uma descrição, narração ou dissertação futura em que o locutor/enunciador, no seu dizer, faz uma previsão. Exemplo:

– Se você abrir este cofre, terá surpresas muito desagradáveis. (Texto das autoras.)

f) Tipologia textual dissertativa

A dissertação busca construir uma opinião de forma progressiva (DELFORCE, 1992). Com esse objetivo, o enunciador emprega uma argumentação coerente e consistente: expõe os fatos, reflete sobre uma questão, explica, justifica, avalia, conceitua e exemplifica. Vale-se do poder de convencimento para que o leitor tome determinada posição em relação ao tema. Exemplo:

Às vezes, não percebemos que o perigo nos cerca, e pessoas aparentemente idôneas podem esconder dentro de si uma personalidade doentia. (Texto das autoras.)

g) Tipologia textual explicativa

Conforme Coltier (1987), a explicação responde a uma questão da ordem do saber. Para isso, utiliza e sistematiza informações já existentes e permite ao leitor compreender melhor essas informações a partir de uma investigação. Exemplo:

Olho para o céu e o vislumbro de um vermelho intenso. Essa coloração se deve ao fato de, no crepúsculo, as ondas de luz vermelha serem as últimas a cruzar a atmosfera, avermelhando aos poucos o horizonte. (Texto das autoras.)

O conto de enigma:

- é um gênero textual cujo elemento principal é o mistério;
- tem como foco principal do enredo a elucidação de um enigma por meio do raciocínio lógico;
- apresenta pistas para auxiliar no esclarecimento do mistério;
- tem como personagens um indivíduo que desvenda o enigma, a vítima, o inocente, o suspeito, o culpado, entre outras;
- faz com que o leitor tenha um papel ativo na construção do sentido;
- pode apresentar um narrador que não participa do enredo ou um narrador-personagem;
- estrutura-se em apresentação, complicação, clímax e desfecho;
- é um tipo particular de narrativa policial;
- possui tipologia textual de base narrativa;
- pode conter diferentes sequências tipológicas a serviço da narração.

4.2 Análise ilustrativa de um conto de enigma

A TISANA (*Leon Bloy*)

1 Jacques sentiu-se simplesmente desprezível. Foi odioso ficar lá no escuro, como um espião sacrílego, enquanto aquela mulher, uma perfeita desconhecida para ele, se confessava.

2 Mas, então, ele teria que sair imediatamente, assim que o sacerdote em sua sobrepeliz viesse com ela, ou, pelo menos, fazer um pouco de barulho para que eles fossem advertidos da presença de um estranho. Agora, era muito tarde, e a horrível indiscrição não poderia se agravar.

3   Desorientado, procurando um lugar fresco no final daquele dia escaldante, como os tatuzinhos de jardim, ele tivera a ideia, dificilmente compatível com suas ideias comuns, de entrar na antiga igreja e sentar-se naquele canto escuro, atrás do confessionário, a sonhar, olhando fixamente a grande rosácea extinguindo-se.

4   Depois de alguns minutos, sem saber como nem por que, ele tornava-se uma forte testemunha involuntária de uma confissão. É verdade que as palavras não lhe chegavam claras e ele só ouvia um sussurro. Mas o diálogo no final parecia se animar.

5   Algumas sílabas, cá e lá, destacavam-se, emergindo do rio opaco daquela conversa penitencial, e o jovem homem que, por milagre, era o contrário de um indivíduo grosseiro, temia na verdade surpreender quaisquer confissões que não lhe eram evidentemente destinadas.

6   De repente, essa previsão se tornou realidade. Um violento redemoinho parecia ocorrer. As ondas imóveis rugiram, dividindo-se, como para deixar surgir um monstro, e o ouvinte, horrorizado, escutou estas palavras proferidas com impaciência:

7   – Digo-vos, meu senhor, eu coloquei veneno na tisana!

8   Mais nada. A mulher, cujo rosto estava invisível, ergueu-se do genuflexório e, silenciosamente, desapareceu no meio da escuridão.

9   Quanto ao padre, ele não se movia mais do que um morto, e lentos minutos se passaram antes que ele abrisse a porta e se fosse, com o passo pesado de um homem atordoado.

10   Foi preciso o carrilhão persistente das chaves do sacristão e a ordem de sair, por muito tempo lançada na nave, para que o próprio Jacques se levantasse, tão atordoado estava com aquela palavra que ressoava nele como um clamor.

***

11   Ele reconheceu perfeitamente a voz de sua mãe!

12   Oh! Impossível se enganar. Ele chegara mesmo a reconhecer seu andar quando a sombra da mulher estivera a dois passos dele.

13   Mas então, o quê! Tudo desmoronava, tudo sumia, tudo não passava de uma brincadeira monstruosa!

14 Ele morava sozinho com a mãe, que não via quase ninguém e só saía para ir à missa. Ele se acostumara a adorá-la com toda a sua alma, como um exemplo único de justiça e bondade.

15 Até onde ele podia ver no passado, nenhum problema, nenhuma dúvida, nenhuma marca, nenhum só desvio. Uma bela estrada branca a perder de vista, sob um céu claro. A existência da pobre mulher havia sido muito melancólica.

16 Depois do falecimento do marido, morto em Champigny, e de quem o rapaz mal se lembrava, ela não deixara de usar luto, ocupando-se exclusivamente da educação de seu filho, o qual não deixava um único dia. Ela nunca quis mandá-lo à escola, temendo os contatos; ocupara-se totalmente de sua instrução, construíra-lhe a alma com pedaços da sua. Esse regime provocou nele uma sensibilidade inquieta e nervos singularmente vibrantes que o expunham a dores ridículas, talvez também a verdadeiros perigos.

17 Quando chegou à adolescência, as traquinagens previstas, que ela não podia impedir, tornaram-na um pouco mais triste, sem alterar sua doçura. Nem censuras, nem cenas silenciosas. Ela aceitara, como tantas outras, o inevitável.

18 Enfim, todos falavam dela com respeito e somente ele em todo mundo, seu filho muito querido, se via hoje forçado a desprezá-la – a desprezá-la de joelhos e com lágrimas nos olhos, como os anjos desprezariam Deus se Ele não cumprisse suas promessas!...

19 Realmente, era de enlouquecer, era de gritar pelas ruas. Sua mãe! Uma envenenadora! Era insano, era um milhão de vezes absurdo, era absolutamente impossível e, no entanto, era verdade. Não tinha ela mesma declarado? Ele poderia arrancar os cabelos.

20 Mas envenenadora de quem? Meu Deus! Ele não conhecia ninguém que morrera envenenado próximo dele. Não era seu pai, que recebera um tiro de metralhadora no ventre. Não foi ele, também, que ela teria tentado matar. Ele nunca ficara doente, nunca necessitara de tisana e sabia que era amado. A primeira vez que ele se atrasara à noite, e certamente não fora por coisas decentes, ela ficara cheia de preocupação.

21 Seria um fato anterior ao seu nascimento? Seu pai se casara com ela por sua beleza, quando ela tinha apenas vinte anos. Este casamen-

to teria sido precedido de qualquer aventura que pudesse envolver um crime?

22 Não, no entanto. Aquele passado límpido lhe era conhecido, havia sido contado centenas de vezes e os testemunhos eram muito fiéis. Por que essa terrível confissão? Por que, principalmente, oh! Por que ele precisara testemunhá-la?

23 Cheio de horror e desespero, ele voltou para casa.

***

24 Sua mãe correu imediatamente para beijá-lo.

25 – Como você chegou em casa tarde, meu filho querido! E como está pálido! Será que está doente?

26 – Não, respondeu ele, não estou doente, mas esse calor me cansa e acredito que não conseguirei comer. E você, mamãe, sente algum desconforto? Saiu, sem dúvida, para tomar um pouco de ar fresco? Pareceu-me tê-la visto de longe no cais.

27 – Eu saí, sim, mas você não pode ter me visto no cais. *Fui me confessar*, o que não faz mais, acredito, há muito tempo, menino mau.

28 Jacques surpreendeu-se de não ter sufocado, de não cair para trás, fulminado, como vira nos bons romances que lera.

29 Era verdade que ela havia ido se confessar! Portanto, não estava dormindo na igreja e aquela catástrofe abominável não era um pesadelo, como ele, em um minuto, havia loucamente imaginado.

30 Ele não caiu, mas ficou muito mais pálido e sua mãe ficou assustada.

31 – Que tem você, meu pequeno Jacques?, disse ela. Você sofre, você está escondendo alguma coisa de sua mãe. Deveria ter mais confiança nela, que só ama você e só tem você... Como você me olha! Meu querido tesouro... Mas qual é o seu problema, então? Você me assusta!...

32 Ela tomou-o amorosamente em seus braços.

33 – Escute-me bem, menino grande. Eu não sou curiosa, você sabe, e não quero ser seu juiz. Não me diga nada, se você não quer me dizer,

mas deixe-me cuidar de você. Você vai para a cama imediatamente. Enquanto isso, eu prepararei uma boa refeição bem leve que eu mesma vou trazer, não é? E se você tiver febre esta noite, eu farei uma TISANA...

34 Jacques, desta vez, caiu no chão.

35 – Até que enfim!, suspirou ela, um pouco cansada.

36 Jacques teve um aneurisma de último grau e sua mãe tinha um amante que não queria ser padrasto.

37 Este drama simples aconteceu, há três anos, nos arredores de Saint-Germain-des-Prés. A casa que lhe serviu de palco pertence a um empreiteiro de demolições.

BLOY, Leon. La tisane. In: _____. *Histoires désobligeantes*. Disponível em: <http://www.dominiopublico.gov.br/download/texto/ph000115.pdf>. Acesso em: 15 set. 2014. Tradução e adaptação das autoras.

O título do texto, *A tisana*, faz referência a um chá de ervas utilizado para a cura dos doentes. *A tisana*, de Leon Bloy, pertence ao gênero textual narrativo literário conto de enigma, visto que o elemento principal é um mistério a ser esclarecido: a quem a mãe de Jacques estaria envenenando? Assim, a elucidação desse enigma é o foco central do texto.

O conto de enigma em análise estrutura-se em: *apresentação*, *complicação*, *clímax* e *desfecho*.

a) **Apresentação** (parágrafos 1-3): mostra os protagonistas, Jacques e uma mulher, a princípio desconhecida, e uma personagem secundária, o sacerdote. No final de um dia muito quente, Jacques se abriga do calor num canto escuro e fresco de uma igreja, atrás do confessionário. Enquanto isso, a mulher se confessa, e nem ela nem o sacerdote sabem da presença do rapaz.

b) **Complicação** (parágrafos 4-31): ocorre quando Jacques ouve involuntariamente a confissão da mulher, que afirma ao sacerdote ter colocado veneno na tisana. Jacques fica perplexo diante da revelação e reconhece, por meio da voz e do andar, que a mulher era a própria mãe. A partir disso, surgem inúmeras dúvidas na mente do rapaz: aquela mulher era realmente sua mãe? O filho a concebe como uma mãe virtuosa e dedicada, com um passado e um presente sem mácula.

Ao mesmo tempo, na tentativa de desvendar o enigma, questiona-se a respeito de quem ela poderia ter envenenado.

Ao anoitecer, Jacques volta para casa e encontra a mãe. Ela tece comentários sobre a palidez do filho e diz que ele aparenta estar doente. Após questionar a mãe a respeito de onde estivera à tarde, Jacques tem a confirmação de que, naquele dia, ela fora se confessar, e isso o deixa atônito e aumenta seu mal-estar.

c) Clímax (parágrafos 32-33): narra o momento em que a mãe toma o filho nos braços, diz que irá cuidar dele e, se tiver febre naquela noite, preparará uma tisana.

d) Desfecho (parágrafos 34-37): acontece quando Jacques, ao ouvir sua mãe dizer que lhe fará uma tisana, cai no chão, vítima de um aneurisma fatal, e a mulher suspira aliviada. Assim, ocorre a solução do enigma: a própria mãe envenenara o filho, uma vez que ela tinha um amante, e este não queria ser padrasto.

No decorrer do texto, o narrador expõe algumas pistas que mostram que o protagonista já havia ingerido o veneno posto por sua mãe na tisana: sente calor e cansaço, está desorientado, pálido e sem apetite. Porém, para alguns leitores, essas pistas só se tornam perceptíveis após conhecerem o desfecho do conto, que é coerente com o desenrolar das ações.

O conto de enigma em estudo desperta, tanto na personagem Jacques quanto no leitor, a curiosidade, a vontade de saber quem fora envenado pela mulher, o suspense durante o processo de elucidação do enigma e o espanto diante da descoberta de que a senhora que confessara ter envenado alguém era a mãe do protagonista. No final do texto, o leitor fica surpreso ao saber que a mãe envenenara o próprio filho.

O narrador conta os fatos como se conhecesse tudo o que se passa, inclusive os sentimentos, reações e pensamentos do protagonista. Assim, evidencia-se o uso do discurso indireto livre: a fala do protagonista confunde-se com a fala do narrador, pois não há marcas que indiquem a separação de uma da outra, como verbos de dizer e sinais de pontuação. Exemplo:

Seria um fato anterior ao seu nascimento? Seu pai se casara com ela por sua beleza, quando ela tinha apenas vinte anos. Este casamento teria sido precedido de qualquer aventura que pudesse envolver um crime? (parágrafo 21).

Esse conto tem como tipologia textual de base a narração, visto que relata fatos imaginários envolvendo personagens situadas em determinado tempo e lugar. Os fatos iniciam num final de tarde, numa igreja, e findam à noite, na casa do protagonista – Jacques.

Verifica-se também a presença da tipologia dialogal, visto que há dois interlocutores, a mãe e o filho, cujas falas são transcritas em forma de discurso direto. Exemplo:

– *Como você chegou em casa tarde, meu filho querido! E como está pálido! Será que está doente?*

– *Não, respondeu ele, não estou doente, mas esse calor me cansa e acredito que não conseguirei comer* (parágrafos 25-26).

Há no conto sequências descritivas que contribuem para a caracterização do ambiente e das personagens. No exemplo a seguir constata-se a descrição da mãe:

Até onde ele podia ver no passado, nenhum problema, nenhuma dúvida, nenhuma marca, nenhum só desvio (parágrafo 15).

O conto *A tisana* emprega a linguagem comum, marcada pelo uso de figuras de linguagem. Veja alguns exemplos.

• *Algumas sílabas, cá e lá, destacavam-se, emergindo do rio opaco daquela conversa penitencial* [...] (parágrafo 5) – metáfora.

• *As ondas imóveis rugiram, dividindo-se, como para deixar surgir um monstro* [...] (parágrafo 6) – prosopopeia.

• *Uma bela estrada branca a perder de vista, sob um céu claro. A existência da pobre mulher havia sido muito melancólica* (parágrafo 15) – metáfora.

4.3 Estudo de texto

I. Pré-leitura

1) Você gosta de ler contos de enigma?

2) Essas narrativas prendem sua atenção? Por quê?

II. Leitura

1) Leitura silenciosa do conto de enigma *Barba Azul*.

2) Leitura em voz alta do texto pelo professor ou por um aluno.

BARBA AZUL (*Charles Perrault*)

1 Era uma vez um homem que possuía lindas casas na cidade e no campo, baixelas de ouro e prata, móveis forrados com finíssimo brocado e carruagens douradas. Mas, infelizmente, esse homem tinha a barba azul. Isso lhe dava um aspecto tão feio e terrível que todas as mulheres fugiam ao vê-lo.

2 Uma vizinha, dama distinta, tinha duas filhas formosas. Ele lhe pediu a mão de uma de suas filhas em casamento, deixando a escolha de qual seria a critério da mãe. Nenhuma das duas o queria, e uma passava a indicação para a outra, pois não desejavam ter um marido com barba azul. Mas o que mais as desagradava era que ele já casara várias vezes e ninguém sabia o que havia acontecido com suas esposas.

3 Para conhecer as moças, Barba Azul levou-as, juntamente com a mãe, três ou quatro de suas melhores amigas e algumas jovens da vizinhança, a uma de suas casas de campo, onde permaneceram oito dias. Ocuparam esse tempo com caminhadas, caçadas, pescarias, danças, festas, lanches e jantares. Ninguém dormia; passavam as noites entre brincadeiras e diversões. Enfim, tudo correu tão bem que a mais nova das jovens começou a achar que o dono da casa não tinha a barba tão azul e era um homem muito decente.

4 Assim que chegaram à cidade, o casamento foi acertado. Depois de um mês, Barba Azul disse à esposa que tinha de viajar para a província por seis semanas no mínimo, devido a um grande negócio. Pediu à moça para se divertir na sua ausência, e se quisesse poderia levar suas melhores amigas ao campo.

5 – Aqui, disse ele, estão as chaves dos dois depósitos; estas são as do armário onde estão as baixelas de ouro e prata que só se ocupam em dias especiais; aqui estão as chaves dos cofres onde guardo minhas joias, e esta é a chave mestra de todos os aposentos. E esta pequena chave é a do gabinete, que fica no fundo da galeria do meu porão: você pode abrir tudo, ir a todos os lugares, mas eu a proíbo de entrar nesse pequeno gabinete, e a proíbo de tal maneira que, se chegar a abri-lo, você poderá esperar tudo de minha cólera.

6 Ela prometeu cumprir exatamente tudo o que lhe ordenara. Depois de abraçá-la, entrou em sua carruagem e partiu.

7 As vizinhas e amigas nem sequer esperaram ser convidadas pela recém-casada para ir até sua casa, pois estavam muito ansiosas para ver toda aquela riqueza. Contudo, não ousaram ir até lá enquanto o marido estava presente, porque sua barba azul as assustava. Imediatamente, puseram-se a conhecer os quartos, os gabinetes, os vestiários, nos quais havia os mais belos e ricos vestidos. Visitaram, em seguida, os depósitos, onde não se cansavam de admirar a quantidade e beleza das tapeçarias, camas, sofás, guarda-roupas, mesas e espelhos, em que se olhavam da cabeça aos pés, e cujos ornamentos, uns de cristal, outros de prata ou de prata dourada, eram os mais bonitos e magníficos que jamais poderiam ter visto. Não paravam de elogiar e invejar a felicidade de sua amiga, que, no entanto, não se alegrava com todas essas riquezas por estar impaciente para abrir o gabinete que seu marido a proibira de visitar.

8 Sua curiosidade era tão grande que, sem considerar que era uma grosseria deixar as visitas sozinhas, desceu até o porão por uma escada estreita e secreta, de forma tão rápida, que, por duas ou três vezes, quase se machucou. Ao atingir a porta do gabinete, parou por um momento, pensando na proibição que o marido lhe fizera, e temeu que essa desobediência poderia acarretar-lhe algum infortúnio. Mas a tentação era tão grande que ela não conseguiu superá-la: tomou a pequena chave e, trêmula, abriu a porta do gabinete.

9 No começo, ela não viu nada, porque as janelas estavam fechadas. Após um tempo, começou a ver o chão todo coberto de sangue coagulado, no qual se refletia a imagem dos corpos de várias mulheres mortas e amarradas às paredes (eram todas as mulheres que tinham sido esposas de Barba Azul e que ele havia matado uma após a outra). Ela pensou que ia morrer de medo, e a chave do gabinete caíra-lhe da mão logo que a retirara da fechadura. Depois de se recuperar um pouco, ela recolheu a chave, saiu e fechou a porta. Subiu para seu quarto, a fim de recuperar a calma, mas não conseguiu, tão perturbada ficara.

10 Tendo observado que a chave do gabinete estava manchada de sangue, limpou-a duas ou três vezes, porém o sangue não saía. Lavou-a e esfregou-a em vão. O sangue estava sempre lá, porque a chave era mágica, e não existia forma de limpá-la totalmente: quando removia a mancha de um lado, aparecia do outro.

11 Barba Azul retornou de sua viagem na mesma noite, dizendo ter recebido, no caminho, cartas, informando-lhe que o negócio que o fizera viajar havia se concretizado a seu favor. Sua esposa fez tudo que podia para mostrar-se muito satisfeita com seu regresso antecipado.

12 No dia seguinte, ele pediu-lhe de volta as chaves, e ela as entregou, mas sua mão estava tão trêmula que ele adivinhou sem esforço tudo o que havia ocorrido.

13 – Por que a chave do gabinete não está junto com as demais, perguntou ele?

14 – Devo tê-la deixado lá em cima na minha mesa, respondeu ela.

15 – Entregue-me a chave já, disse Barba Azul.

16 Depois de muita demora, ela não teve escolha: teve de entregá-la.

17 Após examinar a chave, Barba Azul disse à esposa:

18 – Por que há sangue nesta chave?

19 – Eu não sei, respondeu a pobre mulher, muito pálida.

20 – Você não sabe, mas eu sei muito bem, retrucou Barba Azul. Você já tentou entrar no gabinete! Pois bem, senhora, você entrará e ocupará seu lugar junto às damas que lá viu.

21 Ela jogou-se aos pés do marido, chorando e implorando perdão, demonstrando todo seu arrependimento por sua desobediência. Aflita como estava seria capaz de comover uma rocha, mas Barba Azul tinha o coração mais duro do que um rochedo.

22 – Você tem de morrer, minha senhora, e imediatamente, disse ele.

23 – Já que tenho de morrer, ela respondeu, olhando para ele com os olhos cheios de lágrimas, dê-me um pouco de tempo para orar a Deus.

24 – Dou-lhe meio quarto de hora, respondeu Barba Azul, e nem mais um momento.

25 Quando estava sozinha, chamou sua irmã e disse-lhe:

26 – Ana, minha irmã, eu imploro: vá até o topo da torre, para ver se meus irmãos não vêm. Eles me prometeram vir me ver hoje, e se você os vir faça-lhes sinal para que se apressem.

27 A irmã Ana subiu ao topo da torre, e a esposa aflita gritava de vez em quando:

28 – Ana, minha irmã, você não vê ninguém?

29 A irmã respondeu:

30 – Não vejo mais do que o sol que brilha e a grama verdejante.

31 Enquanto isso, Barba Azul, com uma enorme faca na mão, gritava com toda sua força para a esposa:

32 – Desça logo ou irei até aí.

33 – Espere mais um momento, por favor, respondeu sua mulher. E, em seguida, exclamou baixinho: Ana, minha irmã, você não vê ninguém?

34 E a irmã Ana respondeu:

35 – Não vejo mais do que o sol que brilha e a grama verdejante.

36 – Desça, ou vou até aí, gritou Barba Azul.

37 – Já vou, respondeu a mulher. E, em seguida, pediu: Ana, minha irmã, você não vê ninguém?

38 – Vejo, disse a irmã Ana, uma nuvem de poeira que vem do lado de lá.

39 – São meus irmãos?

40 – Oh, não, irmã! É um rebanho de ovelhas.

41 – Você não vai descer? – gritava Barba Azul.

42 – Mais um momento, respondeu sua mulher. E, em seguida, gritou: Ana, minha irmã, você não vê ninguém?

43 – Vejo dois cavaleiros vindo para cá, mas eles estão longe..., disse ela. Louvado seja Deus!, exclamou um instante depois, são meus irmãos. Estou fazendo sinal tanto quanto posso para que eles se apressem.

44 Barba Azul gritava tão alto que a casa inteira tremia. A pobre mulher desceu de seus aposentos e atirou-se aos pés do marido, enlouquecida e desfeita em lágrimas.

45 – É inútil, você deve morrer, disse Barba Azul.

46 Então, agarrou seu cabelo com uma mão e ergueu a faca com a outra. Ele estava pronto para cortar-lhe a cabeça. A pobre mulher virou-se para ele e implorou que lhe concedesse um momento para se recolher.

47 – Não, não, encomende sua alma a Deus, disse ele.

48 E, levantando seu braço... Nesse instante, bateram à porta com tanta força que Barba Azul parou abruptamente. Quando a porta se abriu, entraram dois cavaleiros, de espada na mão, e correram na direção de Barba Azul.

49 Este reconheceu os irmãos de sua esposa, um deles dragão e o outro mosqueteiro, e logo fugiu para se salvar. Mas os dois irmãos o perseguiram tão de perto que o pegaram antes que ele pudesse fugir. Eles atravessaram o corpo de Barba Azul com suas espadas e o mataram. A pobre mulher estava quase tão morta quanto o marido, e não tinha forças para se levantar e abraçar os irmãos.

50 Após, descobriram que Barba Azul não tinha herdeiros. Então, sua esposa tornou-se proprietária de todos os bens. Empregou uma parte dos bens no casamento de sua irmã Ana com um jovem e gentil cavalheiro que a amava há muito tempo; outra parte, na compra do posto de capitão para os dois irmãos; o restante usou para casar-se com um homem muito bom, que a fez esquecer os maus momentos passados com Barba Azul.

PERRAULT, Charles. *Barba Azul*. Disponível em: <http://www.dominiopublico. gov.br/download/texto/bk000291.pdf>. Acesso em: 15 set. 2014. Tradução e adaptação das autoras.

III. Atividades orais de interpretação

1) Por que as moças não queriam Barba Azul como esposo?

2) Que proposta Barba Azul fez à sua vizinha?

3) Que estratégia Barba Azul usou para conquistar as moças?

4) Ele atingiu seu objetivo? Por quê?

5) Que sentimentos as amigas nutriam pela esposa de Barba Azul?

6) Qual foi o motivo que levou Barba Azul a viajar?

7) O que ele deixou com a esposa antes da viagem?

8) O que o marido permitiu que sua mulher fizesse em sua ausência?

9) A mulher cumpriu a promessa que fez ao marido? Por quê?

10) O que a esposa viu no gabinete? Qual foi sua reação diante disso?

11) A que conclusão chegou a esposa de Barba Azul a partir do que vira no gabinete?

12) Qual foi o castigo que o marido destinou à sua mulher?

13) O castigo se concretizou? Por quê?

14) O que aconteceu com Barba Azul no desfecho da narrativa?

15) Como ficou a situação financeira da esposa no final do conto? Por quê?

16) Que destino ela deu à sua herança?

IV. Atividades escritas de interpretação

1) Com base no conto de enigma *Barba Azul*, coloque **V** se a assertiva for verdadeira e **F** se for falsa, corrigindo as alternativas incorretas.

a) (   ) Os fatos narrados acontecem num passado remoto.

b) (   ) As ações do texto ocorrem exclusivamente na cidade.

c) (   ) As personagens principais são Barba Azul, a esposa e sua mãe.

d) (   ) A descrição presente no conto mostra que Barba Azul tinha ótimas condições financeiras.

2) A mulher já previa que alguma infelicidade seria consequência da quebra da promessa? Justifique sua resposta com um fragmento do texto.

3) O que levou Barba Azul a concluir que a esposa o desobedecera?

4) Qual é o enigma do conto?

5) Que pista aparece no decorrer do conto que serve mais tarde para esclarecer o mistério?

6) Quanto à solução do enigma, responda às questões a seguir.

a) Quem desvendou o enigma?

b) Quando?

c) Como?

7) Que elementos do texto mostram que Barba Azul é um homem mau e com uma personalidade doentia?

8) Sublinhe no texto cinco fragmentos que reforçam o clima de suspense do conto.

9) No conto de enigma *Barba Azul* há um elemento mágico. Identifique-o e explique a magia presente.

10) O conto de enigma constitui-se de *apresentação, complicação, clímax* e *desfecho*. Aponte os parágrafos correspondentes a essas partes.

a) Apresentação (mostra uma situação equilibrada):

b) Complicação (ocorre quando surge um conflito):

c) Clímax (é o momento crítico que antecede o desfecho):

d) Desfecho (acontece quando há a solução do conflito):

11) Pode-se dizer que o conto tem um final feliz? Por quê?

V. Práticas de análise da linguagem e reflexão linguística

1) A história é contada por um narrador que não participa dos fatos ou por um narrador-personagem? Sublinhe no texto um fragmento que comprove sua resposta.

2) O conto de enigma *Barba Azul* vale-se de figuras de linguagem. Numere os fragmentos conforme a figura de linguagem presente e justifique sua opção.

(I) prosopopeia

(II) hipérbole

(III) metáfora

(IV) símile

a) (   ) "Ela pensou que ia morrer de medo [...]" (parágrafo 9).

Justificativa:

b) (   ) "[...] mas Barba Azul tinha o coração mais duro do que um rochedo" (parágrafo 21).

Justificativa:

c) (   ) "[...] a casa inteira tremia"(parágrafo 44).

Justificativa:

d) (   ) "Aflita como estava seria capaz de comover uma rocha [...]" (parágrafo 21).

Justificativa:

3) A tipologia textual de base do conto de enigma em estudo é a narração. Explique essa afirmação.

4) No conto de enigma *Barba Azul*, constata-se o emprego de várias sequências tipológicas para dar suporte à narração. Numere os fragmentos a seguir, identificando as tipologias textuais.

(1) tipologia textual dissertativa

(2) tipologia textual narrativa

(3) tipologia textual descritiva

(4) tipologia textual injuntiva

(5) tipologia textual explicativa

(6) tipologia textual preditiva

(7) tipologia textual dialogal

a) ( ) "Era uma vez um homem que possuía lindas casas na cidade e no campo, baixelas de ouro e prata, móveis forrados com finíssimo brocado e carruagens douradas. Mas, infelizmente, esse homem tinha a barba azul. Isso lhe dava um aspecto tão feio e terrível que todas as mulheres fugiam ao vê-lo" (parágrafo 1).

b) ( ) "– Você tem de morrer, minha senhora, e imediatamente, disse ele" (parágrafo 22).

c) ( ) "Ela jogou-se aos pés do marido, chorando e implorando perdão, demonstrando todo seu arrependimento por sua desobediência. Aflita como estava seria capaz de comover uma rocha, mas Barba Azul tinha o coração mais duro do que um rochedo" (parágrafo 21).

d) ( ) "– Ana, minha irmã, eu imploro: vá até o topo da torre, para ver se meus irmãos não vêm" (parágrafo 26).

e) ( ) "– São meus irmãos?

– Oh, não, irmã! É um rebanho de ovelhas" (parágrafos 39-40).

f) ( ) "– Desça logo ou irei até aí" (parágrafo 32).

5) Para efetuar a coesão, o narrador faz referência a elementos do próprio texto. Verifique no conto de enigma em estudo os referentes dos vocábulos em negrito.

a) "**Isso lhe** dava um aspecto tão feio e terrível que todas as mulheres fugiam ao vê-**lo**" (parágrafo 1).

b) "**Ele lhe** pediu a mão de uma de **suas** filhas em casamento [...]" (parágrafo 2).

c) "Para conhecer as moças, Barba Azul levou-**as** [...]" (parágrafo 3).

d) "[...] e **a** proíbo de tal maneira que, se chegar a abri-**lo**, você poderá esperar tudo de minha cólera" (parágrafo 5).

e) "[...] porque a chave era mágica, e não existia forma de limpá-**la** totalmente [...]" (parágrafo 10).

f) "– Vejo dois cavaleiros vindo para cá, mas **eles** estão longe..., disse **ela**" (parágrafo 43).

4.4 Produção textual

I. Produção escrita

Escolha uma das propostas a seguir para a produção de um conto de enigma e use sua criatividade para tornar seu conto instigante para o leitor. Não esqueça de verificar as partes que compõem esse gênero textual.

Proposta 1

Um homem chegou a uma pequena cidade e foi até uma agência lotérica fazer uma aposta num jogo. No dia seguinte, voltou à mesma agência, conferiu o resultado e viu que era o único acertador de uma grande quantia: 148 milhões.

Lentamente, voltou para casa cabisbaixo. Entrou no quarto e se suicidou. Por que ele fez isso?

Proposta 2

Uma mulher foi encontrada morta numa praia. Junto a seu corpo havia uma linda rosa vermelha. O que aconteceu?

II. Reescrita

Com base nas observações de seu professor e mediante as inadequações verificadas por meio de sua própria leitura, reescreva seu conto de enigma.

III. Produção oral

Pesquise em livros ou na internet alguns contos de enigma. Escolha aquele que mais lhe chamar a atenção e apresente-o de forma resumida a seus colegas e professor.

5 Carta argumentativa

A carta argumentativa consiste num gênero textual no qual o emissor escreve a um receptor a fim de reclamar ou solicitar algo. Faz uso de argumentos consistentes para fundamentar os motivos da reclamação ou solicitação.

Esse gênero oportuniza ao emissor denunciar irregularidades, pedir providências e sugerir mudanças, entre outras finalidades. Quando se trata, por exemplo, de um problema de ordem pública, a carta pode ser dirigida a uma autoridade ou a um órgão competente. Com o advento da internet, ela pode ser encaminhada por *e-mail*.

As cartas de reclamação e de solicitação pertencem ao gênero textual carta argumentativa. Para Dolz e Schneuwly (2004), esse gênero faz parte da ordem do argumentar e apresenta como capacidades de linguagem dominantes a sustentação, a refutação e a negociação de tomadas de posição.

A carta argumentativa tem como tipologia textual de base a dissertação, pois o autor usa uma série de argumentos para conduzir o destinatário/interlocutor à conclusão que ele deseja.

Esse gênero é tipologicamente heterogêneo, uma vez que, além da dissertação, pode valer-se de outras sequências tipológicas. Por exemplo, o emissor emprega a narração quando relata um problema ou apresenta um exemplo, a fim de comprovar seu ponto de vista; usa a descrição quando detalha o dano ocorrido ou uma cena que mostre a gravidade do problema.

Os operadores argumentativos são importantes na produção da carta argumentativa, uma vez que estabelecem relações entre os segmentos de um texto, entre os parágrafos, entre as orações de um mesmo período e entre os períodos. São exemplos de operadores argumentativos utilizados na carta: *e, também, ainda* (adição); *a fim de, para, com o intuito de* (finalidade); *porque, pois, visto que, já que* (causa e consequência); *mas, porém, todavia* (oposição); *ou seja, isto é* (esclarecimento); *conforme, segundo, de acordo com* (conformidade); *portanto, então, assim* (conclusão).

A carta argumentativa apresenta as seguintes partes: *local e data, vocativo, corpo do texto, despedida* e *assinatura*.

a) Local e data: situam o destinatário quanto ao momento de produção da carta e constam no início do texto, à esquerda. Especificam cidade, dia, mês e ano da emissão da carta (*Porto Alegre, 02 de outubro de 2015.*).

b) Vocativo: apresenta a saudação inicial, com o tratamento adequado ao receptor (*Prezada Senhora, Ilustríssimo Diretor* etc.). Depois do vocativo, o emissor pode usar vírgula ou dois pontos, ou não colocar qualquer pontuação.

c) Corpo do texto: no primeiro parágrafo, expõe o assunto e o objetivo da carta. Nos parágrafos subsequentes, explicita o que foi exposto inicialmente, a fim de convencer o interlocutor da legitimidade da reclamação ou do pedido por meio de argumentos consistentes. No último parágrafo, faz o fechamento da discussão. Nessa parte, o autor geralmente emprega o presente do indicativo, pois a carta trata de questões vinculadas ao momento da produção.

d) Despedida: constitui a saudação final, sempre simpática e cordial. Busca estabelecer um contato efetivo entre emissor e receptor (*Atenciosamente; Na certeza de ser atendido, agradeço; Esperando contar com sua compreensão* etc.).

e) Assinatura: indica o remetente, colocando seu nome completo e identificação profissional (jornalista, professor etc.).

Após a assinatura, o autor pode acrescentar à carta argumentativa um **P.S.** (pós-escrito, do latim *postscriptum*) para apresentar informações adicionais ou ressaltar os objetivos da carta.

Nesse gênero, o remetente emprega diferentes argumentos para dar consistência ao texto. Conforme Köche, Pavani e Boff (2015), os principais tipos de argumentos são: *de autoridade, de consenso, de provas concretas* e *de competência linguística*.

O *argumento de autoridade* consiste em citar a voz de autores reconhecidos ou autoridades no assunto para fundamentar o ponto de vista, a ideia ou a tese. Por exemplo, para comprovar a tese de que o casamento é uma conquista diária é possível citar as palavras do Papa Francisco proferidas na missa do dia 14 de setembro de 2014, no Vaticano, em que realizou o matrimônio de 20 casais. O pontífice proferiu as seguintes palavras:

"Não é um caminho suave, sem conflitos, não! Não seria humano. É uma viagem laboriosa, por vezes difícil, chegando mesmo a ser conflituosa, mas isso é a vida!" (*Noticiário da Rádio Vaticano*, 2014.)

Já o *argumento de consenso* diz respeito ao uso de proposições evidentes por si mesmas ou universalmente aceitas como verdade. Veja o exemplo:

Investir em saúde, educação e segurança é essencial para o desenvolvimento de um país. (Texto das autoras.)

Por sua vez, o *argumento de provas concretas* apoia-se em fatos, dados estatísticos, exemplos e ilustrações para provar a veracidade do que se diz. Por exemplo, para comprovar a tese de que o desempenho dos alunos na produção textual escrita tem relação com seu nível socioeconômico, pode-se usar os resultados do ENEM/2011:

Conforme o jornal *O Globo*, do dia 21 de outubro de 2013, estudantes com renda familiar de até um salário-mínimo obtiveram nota média de 460 pontos na redação; já alunos com renda familiar de 15 a 30 salários mínimos alcançaram nota média de 642 pontos. (Texto das autoras.)

Finalmente, o *argumento de competência linguística* refere-se ao emprego da linguagem adequada à situação de interlocução. Na carta argumentativa, normalmente o remetente opta por uma linguagem comum ou cuidada. Por exemplo, o remetente usará a linguagem cuidada ao enviar uma carta ao Ministro da Saúde.

5.1 Tipos de carta argumentativa

A carta de reclamação diferencia-se da carta de solicitação por sua finalidade comunicativa. Segundo Barbosa (2001), a carta de reclamação veicula quase uma reivindicação, pois o remetente julga ter direito ao que está pedindo; já a carta de solicitação veicula um pedido.

5.1.1 Carta de reclamação

A carta de reclamação é um dos meios de que o indivíduo dispõe para exercer a cidadania, protestando em relação a algo com que discorda. Segundo Gregório e Cecílio (2006), é um gênero textual por meio do qual o cidadão manifesta seu posicionamento frente a alguma injustiça e sua insatisfação em relação a algo que acredite ser inadequado ou errado. Para as autoras, esse tipo de carta é utilizado no momento em que o sujeito se sente prejudicado e desrespeitado em seus direitos ou injustiçado e discriminado socialmente.

Nesse sentido, Silva e Leal (2007) afirmam que, para reclamar de algo, é necessário ter posições distintas em relação a um determinado tema e empregar argumentos para convencer o interlocutor de que a reclamação é válida.

5.1.2 Carta de solicitação

A carta de solicitação visa requerer a resolução de um problema ou algum benefício para o remetente. Tem como finalidade comunicativa reivindicar algo e, normalmente, é enviada a uma autoridade. Esse tipo de carta constitui também uma forma de praticar a cidadania.

Conforme Mesquita (2009), a carta de solicitação trabalha o diálogo entre duas pessoas, a fim de convencer o interlocutor de que o ponto de vista apresentado pelo emissor é válido e merece crédito. Por isso, para a autora, é preciso expor argumentos, defendendo ou criticando determinada ideia, e selecioná-los de acordo com o interlocutor.

A carta argumentativa:
- é um gênero textual que faz uma reclamação ou solicitação;
- pertence à ordem do argumentar;
- apresenta a estrutura: local e data, vocativo, corpo do texto, despedida e assinatura;
- pode valer-se de argumentos de autoridade, de consenso, de provas concretas e de competência linguística;
- emprega a linguagem comum ou cuidada;
- utiliza, predominantemente, o presente do indicativo;
- usa operadores argumentativos.

5.2 Análise ilustrativa de uma carta argumentativa

A carta argumentativa que será analisada foi produzida a partir da proposta a seguir.

Proposta – Produza uma carta argumentativa dirigida ao Secretário da Segurança Pública do Rio Grande do Sul. Solicite medidas para o enfrentamento da violência contra as mulheres.

Pesquise em jornais e revistas, impressos ou *on-line*, matérias sobre o assunto para subsidiar sua produção textual. Você pode se dirigir à Delegacia de Polícia Especializada no Atendimento à Mulher para coletar dados referentes ao assunto.

Farroupilha, 10 de novembro de 2014.*

Excelentíssimo Secretário da Segurança Pública do Rio Grande do Sul

1 A Conferência das Nações Unidas sobre Direitos Humanos reconhece desde o ano de 1993 – perceba o quanto é recente esse reconhecimento – que a violência contra a mulher é uma violação aos direitos humanos. Todos os países que constituem a ONU, desde então, trabalham em busca da erradicação desse tipo de violência.

2 Como é de seu conhecimento, no Brasil, a Lei Maria da Penha foi decretada em agosto de 2006 e visa, rigorosamente, aumentar a punição aos homens que agredirem física ou psicologicamente uma mulher. De forma alguma devemos nos esquecer de dar as devidas honras a essa lei que auxiliou muitas mulheres a se tornarem independentes, seguras e amparadas em momentos difíceis, mas, infelizmente, sozinha, a Lei não é capaz de acabar com todo o abuso que milhares de mulheres sofrem todos os dias.

3 Um estudo do IPEA (Instituto de Pesquisa Econômica Aplicada) avaliou o impacto da Lei sobre a mortalidade de mulheres por agressão e, infelizmente, os dados são tristes e preocupantes: não houve redução da mortalidade. Estima-se que ocorreu, em média, um femicídio a cada hora e meia, e as principais vítimas são mulheres jovens, negras e com pouca escolaridade.

---

* Texto produzido na disciplina de *Leitura e Produção Textual II*, ministrada pela Professora Vanilda Salton Köche, no Curso de Letras da UCS/CARVI, no segundo semestre de 2014.

4 Segundo a Organização Mundial da Saúde, o femicídio geralmente envolve o assassinato intencional de mulheres apenas por serem mulheres. A porta-voz da ONU, Nadine Gasman, ressalta que a violência contra as mulheres é uma construção social, resultado da desigualdade de força nas relações de poder entre homens e mulheres. Acrescenta ainda que essa violência é criada nas relações sociais e reproduzida pela sociedade todos os dias. A ONU estima que no mínimo 5.000 mulheres sejam mortas por seus parceiros com armas de fogo, objetos cortantes, estrangulamento, não sendo raro o apedrejamento, queimaduras e envenenamento.

5 Em nome de todas as mulheres e corações dignos de humanidade, solicito ao senhor que o enfrentamento à violência contra as mulheres não se restrinja apenas a papéis e teorias. A proteção ao sexo feminino deve ser efetiva e concreta. Sugiro que seja reforçada a vigilância e a identificação de parceiros violentos e que eles sejam devidamente punidos; que exista a capacitação dos profissionais da saúde, geralmente os primeiros visitados pela mulher violentada; que a família seja sensibilizada para que perceba como é importante denunciar ao primeiro sintoma de violência doméstica e, a sugestão mais importante na minha simplória convicção, que a educação gaúcha e brasileira aborde o tema desde muito cedo nas escolas. Será por meio dela que conseguiremos acabar com a imagem machista e desigual presente na sociedade, a de que a mulher não merece a dignidade a qual, coerentemente, tem direito.

Na certeza de ser atendida, agradeço sua atenção.

Bruna Frantz Pegoraro

Acadêmica do Curso de Letras da Universidade de Caxias do Sul – CARVI

O texto é uma carta argumentativa de solicitação, visto que a emissora, Bruna Frantz Pegoraro, solicita ao Secretário da Segurança Pública do Rio Grande do Sul medidas para combater a violência contra as mulheres.

A emissora escreveu a carta no município de Farroupilha/RS, em 10 de novembro de 2014. Saúda o receptor com o uso do pronome de tratamento *Excelentíssimo*, já que se dirige a uma autoridade estadual.

O corpo do texto é composto pelos parágrafos 1 a 5. No parágrafo 1, Pegoraro contextualiza o assunto: coloca que quem violenta uma mulher está infringindo os direitos humanos e salienta que exterminar esse tipo de violência é um dos propósitos da ONU.

No parágrafo seguinte vale-se da Lei Maria da Penha como argumento de autoridade, para sustentar que esta foi uma grande conquista, mas, mesmo assim, sozinha, essa lei não consegue acabar com o abuso a que as mulheres são submetidas diariamente.

Para dar suporte à afirmação anterior, no parágrafo 3, a emissora apresenta um argumento de provas concretas. Cita um estudo do IPEA, o qual confirma que não houve redução do número de assassinatos de mulheres após a implantação da Lei Maria da Penha.

No quarto parágrafo, inicialmente usa um argumento de autoridade para fundamentar a colocação anterior. Faz menção à Organização Mundial da Saúde para mostrar que muitas mulheres são assassinadas, simplesmente, por serem mulheres. Em seguida, emprega outro argumento de autoridade: a porta-voz da ONU, Nadine Gasman, diz que a violência contra as mulheres resulta da desigualdade entre homens e mulheres. Também vale-se de um argumento de provas concretas que corrobora o que foi dito anteriormente: segundo a ONU, no mínimo 5.000 mulheres são mortas por seus parceiros.

A partir dos argumentos expostos, Pegoraro solicita ao Secretário proteção efetiva e concreta às mulheres. Indica várias sugestões e destaca a necessidade de abordar o tema da violência contra a mulher desde cedo nas escolas.

Em seguida, a emissora da carta despede-se de maneira cordial com a frase: *Na certeza de ser atendida, agradeço sua atenção,*

Finalmente, coloca seu nome completo e sua identificação.

A carta argumentativa em estudo possui como tipologia textual de base a dissertação, visto que Pegoraro emprega diversos argumentos para convencer o receptor de que sua solicitação é digna de crédito.

A autora usa a linguagem comum, com vocabulário e sintaxe acessíveis ao leitor. Também se vale de operadores argumentativos para estabelecer conexão entre as ideias do texto (*e, mas, segundo, ainda, apenas, para que, pois*).

5.3 Estudo de texto

I. Pré-leitura

1) Você já enviou uma carta argumentativa a alguém?

2) Se sua resposta for afirmativa, para quem? Com que objetivo?

3) Em sua opinião, para que servem as cartas argumentativas?

II. Leitura

1) Leitura silenciosa de uma carta argumentativa.

2) Leitura em voz alta do texto pelo professor ou por um aluno.

As atividades sugeridas partem da carta argumentativa produzida com base na proposta a seguir.

Proposta – Produza uma carta argumentativa dirigida ao Diretor-Geral do Departamento Nacional de Infraestrutura de Transportes (DNIT). Solicite melhorias no que se refere ao estado de conservação e às condições de trafegabilidade das rodovias brasileiras, tendo em vista a segurança dos usuários. Leve em conta as deficiências no pavimento, na sinalização e na geometria das vias. Considere também pontos críticos como erosão na pista, buracos, quedas de barreiras ou pontes caídas.

Pesquise em jornais e revistas, impressos ou *on-line*, matérias sobre o assunto para subsidiar sua produção textual.

Bento Gonçalves, 10 de novembro de 2014.*

Ilustríssimo Diretor-Geral do DNIT

1 A realidade do estado de conservação das rodovias brasileiras, sejam de responsabilidade federal ou estadual, é alarmante. Os motoristas que trafegam por muitas dessas estradas sofrem com as péssimas condições de pavimentação, sinalização precária e geometria inadequada. Diante dessa situação, que tem gerado inúmeros prejuízos econômicos e sociais, escrevo-lhe, pedindo que tome providências para reverter tal conjuntura, a fim de que se possa melhorar as condições de trafegabilidade e do transporte viário no Brasil.

---

* Texto produzido na disciplina de *Leitura e Produção Textual II*, ministrada pela Professora Vanilda Salton Köche, no Curso de Letras da UCS/CARVI, no segundo semestre de 2014.

2 Segundo pesquisa de 2014 da CNT – Confederação Nacional do Transporte, que analisou o estado das rodovias em todo o Brasil, apenas 37,9% das estradas encontram-se em estado bom ou ótimo, enquanto 62,1% estão em estado regular, ruim ou péssimo. Esses números são piores se consideradas apenas rodovias sob administração estadual, 69,1% em estado regular, ruim ou péssimo. Os dados ficam ainda mais preocupantes quando analisadas apenas as rodovias sob gestão pública, 70,7% de regular a péssimo. Isso quer dizer que os números gerais só não são piores devido às rodovias sob gestão concedida, das quais 74,1% são boas ou ótimas.

3 Dos itens analisados na pesquisa, a geometria das vias é o que tem números mais alarmantes, seguido pela sinalização e pela pavimentação. Entre os dados da pesquisa, chama atenção, ainda, o fato de que 67,6% das estradas têm pavimento desgastado, com remendos, ondulações e buracos, ou totalmente destruído. Um último fator a ser destacado é a baixa quantidade de rodovias duplicadas, apenas 12,9%.

4 Todos esses fatores geram diversos prejuízos de várias ordens. De acordo com a mesma pesquisa, os custos decorrentes do tráfego em rodovias malconservadas vêm subindo cada vez mais, sendo notáveis na elevação do preço dos transportes. O fato de um veículo se deslocar com velocidade reduzida nessas vias resulta em mais gastos com combustível e na necessidade de maior número de veículos para transportar a mesma quantidade de carga. Além disso, os gastos com manutenção também se elevam, aumentando o custo operacional e o preço a ser repassado aos clientes.

5 Outra consequência assombrosa da má qualidade viária no Brasil são os acidentes ocasionados pela péssima infraestrutura das estradas. A falta de sinalização e proteção, as estradas com grande fluxo de veículos não duplicadas e os buracos no pavimento são fatores que facilitam a ocorrência de acidentes, que muitas vezes podem ser fatais.

6 A questão dos investimentos em melhorias nas rodovias brasileiras é de interesse geral e de suma importância. Cabe ao poder público dar a devida atenção ao assunto, visando maior destinação de recursos para a manutenção e conservação dessas estradas, para que se possa evitar problemas graves que atualmente decorrem do aparente descaso com esse tema.

7 Em vista disso, peço ao senhor que analise com mais atenção a questão aqui apresentada, para que se ampliem os esforços por um sistema viário de maior qualidade, já que o desenvolvimento de um país, inegavelmente, passa por suas estradas.

Atenciosamente,

Thais Piccoli Dalzochio

Acadêmica do Curso de Letras da UCS – CARVI

III. Atividades orais de interpretação

1) Onde e quando foi escrita a carta argumentativa em análise?

2) Quem é o(a) emissor(a)?

3) A que instituição ele(a) se vincula?

4) Quem é o receptor da carta?

5) Ele representa um órgão público ou privado? Federal ou estadual?

6) Que vocativo a emissora emprega para se dirigir ao receptor?

7) Qual é a função do vocativo?

8) Que saudação a emissora usa na despedida?

9) Qual é o propósito dessa carta argumentativa?

IV. Atividades escritas de interpretação

1) Reescreva o primeiro parágrafo da carta argumentativa em estudo, substituindo os vocábulos em negrito por sinônimos. Considere o sentido dos vocábulos no texto e faça os ajustes necessários.

> A realidade do estado de conservação das rodovias brasileiras, sejam de responsabilidade federal ou estadual, é **alarmante**. Os motoristas que **trafegam** por muitas dessas estradas sofrem com as **péssimas** condições de **pavimentação**, sinalização **precária** e geometria inadequada. Diante dessa **situação**, que tem **gerado** inúmeros **prejuízos** econômicos e sociais, escrevo-lhe **pedindo** que tome providências para reverter tal **conjuntura**, a fim de que se possa melhorar as condições de **trafegabilidade** e do transporte **viário** no Brasil.

2) Qual é o problema apresentado pelo emissor na carta argumentativa em estudo? A que se deve esse problema?

3) Estamos diante de uma carta argumentativa de reclamação ou de solicitação? Por quê?

4) Nos parágrafos 2, 3 e 4 aparecem os dados de uma pesquisa realizada, em 2014, pela Confederação Nacional do Transporte (CNT). Produza um resumo dessas informações.

5) Conforme a pesquisa da CNT, o tráfego em rodovias malconservadas ocasiona elevação do preço dos transportes. Aponte quatro causas desse aumento de preços.

6) A autora da carta destaca uma grave consequência da má qualidade das rodovias brasileiras. Em que consiste essa consequência?

7) Que solução a emissora indica para o problema apresentado?

8) O que você entende pela afirmação: *o desenvolvimento de um país, inegavelmente, passa por suas estradas?* (parágrafo 7)

9) No fechamento, Dalzochio reitera o propósito comunicativo exposto no início da carta argumentativa. Explique.

V. Práticas de análise da linguagem e reflexão linguística

1) Que tipo de argumento constitui a pesquisa de 2014 da Confederação Nacional do Transporte – CNT? (parágrafos 2, 3 e 4). Assinale a resposta adequada.

  a) ( ) Argumento de provas concretas

  b) ( ) Argumento de consenso

  c) ( ) Argumento de autoridade

2) Com que objetivo esse tipo de argumento foi usado, considerando o propósito da carta argumentativa?

3) No parágrafo 5, a carta argumentativa em estudo fala de outra consequência grave das más condições de conservação e trafegabilidade das estradas brasileiras. Assinale o tipo de argumento que consta nesse parágrafo.

  a) ( ) Argumento de autoridade

  b) ( ) Argumento de consenso

  c) ( ) Argumento de provas concretas

4) Qual é a tipologia textual de base da carta argumentativa em estudo? Justifique sua resposta.

5) Atente para os pronomes de tratamento empregados pela emissora para se dirigir ao receptor.

a) Sublinhe no texto esses pronomes.

b) Qual é o pronome de tratamento usado no vocativo?

c) Ele é adequado ao receptor? Por quê?

d) No *vocativo*, se o pronome utilizado fosse substituído por *Reverendíssimo*, o tratamento seria apropriado ao receptor? Por quê?

6) Indique a relação estabelecida pelos operadores argumentativos em negrito. Após, substitua esses operadores, mantendo a mesma relação de sentido e fazendo os ajustes necessários.

a) "Isso **quer dizer** que os números gerais só não são piores **devido às** rodovias sob gestão concedida, das quais 74,1% são boas ou ótimas" (parágrafo 2).

b) "Entre os dados da pesquisa, chama atenção, **ainda**, o fato de que 67,6% das estradas têm pavimento desgastado, com remendos, ondulações e buracos, **ou** totalmente destruído" (parágrafo 3).

c) "**Em vista disso**, peço ao senhor que analise com mais atenção a questão aqui apresentada, **para que** se ampliem os esforços por um sistema viário de maior qualidade, **já que** o desenvolvimento de um país, inegavelmente, passa por suas estradas" (parágrafo 7).

7) Considerando a carta argumentativa em análise, numere os referentes que correspondem aos vocábulos e expressões indicadas.

(1) *dessas estradas* (parágrafo 1).

(2) *lhe* (parágrafo 1).

(3) *desta situação* (parágrafo 1).

(4) *a mesma pesquisa* (parágrafo 4).

a) (   ) "péssimas condições de pavimentação, sinalização precária e geometria inadequada" (parágrafo 1).

b) (   ) "das rodovias brasileiras" (parágrafo 1).

c) (   ) "Esses números" (parágrafo 2).

d) (   ) "Ilustríssimo Diretor-Geral do DNIT" (vocativo).

e) (   ) "pesquisa de 2014 da CNT – Confederação Nacional do Transporte" (parágrafo 2).

8) Qual é o nível de linguagem empregado na carta argumentativa em análise?

a) ( ) Linguagem familiar

b) ( ) Linguagem popular

c) ( ) Linguagem comum

d) ( ) Linguagem cuidada

e) ( ) Linguagem oratória

9) Qual é o tempo verbal que predomina na carta argumentativa em estudo? Assinale a resposta adequada.

a) ( ) O presente do indicativo, pois a carta apresenta uma situação problemática que faz parte do contexto comunicativo da emissora.

b) ( ) O pretérito perfeito do indicativo, pois a carta faz menção a fatos do passado para justificar a posição assumida pela emissora.

c) ( ) O futuro do presente do indicativo, pois a emissora da carta faz projeções de situações mais graves que estão por acontecer.

5.4 Produção textual

I. Produção escrita

A seguir, constam duas propostas para a produção de uma carta argumentativa. Opte por uma delas. Atente para as características e estrutura do gênero e empregue argumentos consistentes.

Proposta 1

Um dos problemas que o meio rural enfrenta são os inúmeros furtos e roubos de tratores, implementos agrícolas, veículos, computadores, entre outros bens. Produza uma carta argumentativa dirigida ao Secretário da Segurança Pública do Estado, solicitando policiamento na zona rural para proteção dos moradores.

Consulte publicações a respeito do assunto em jornais e revistas, impressos ou *on-line*, para subsidiar sua produção textual.

Proposta 2

No Brasil, a demora no atendimento aos pacientes e o número escasso de especialistas conveniados são alguns dos problemas do Sistema Único de Saúde (SUS). Produza uma carta argumentativa dirigida ao Ministro da Saúde reclamando dos problemas verificados no SUS e solicitando melhorias.

Pesquise matérias sobre o assunto para fundamentar sua carta argumentativa.

II. Reescrita

Reescreva sua carta argumentativa considerando as observações de seu professor e as inadequações constatadas por meio de sua própria leitura.

III. Produção oral

Leia sua carta argumentativa aos colegas e professor.

6 *E-mail* formal

O *e-mail* formal é um gênero textual digital em que o emissor escreve uma mensagem marcada pela formalidade e a envia por correio eletrônico a um ou mais receptores, valendo-se da internet. Esse gênero tem como objetivos: pedir algo, fornecer ou solicitar informações, convidar ou convocar para uma reunião, encaminhar ou solicitar documento, entre outros. O *e-mail* é também denominado mensagem eletrônica ou correio eletrônico.

Há diferença entre o *e-mail* formal e os demais tipos de *e-mails* pelo contexto de uso e pelo nível de linguagem. Aquele é utilizado com mais frequência no ambiente profissional ou acadêmico e vale-se da língua padrão. Não usa gírias, abreviaturas e *emoticons*. Já os demais tipos de *e-mails* são usados em situações informais, com o emprego da linguagem familiar, ou seja, com relativa obediência à língua padrão.

Hoje, o *e-mail* é um dos gêneros textuais mais populares do ambiente virtual. Segundo Marcurschi (2002), esse gênero é um meio de comunição interpessoal com envio e recebimento de correspondência entre familiares, amigos, colegas de trabalho, empresas, pesquisadores, entre outros. Para o autor, o *e-mail* deriva de gêneros já existentes, como a carta pessoal e o bilhete.

A comunicação entre o emissor e o receptor do *e-mail* pode não ser imediata, pois é possível que este não esteja em conexão *on-line* e abra sua caixa de mensagens num momento posterior (depois de horas, dias, semanas).

Marcuschi (2002) coloca que, em meados dos anos 70, o *e-mail* se resumia a dois ou três enunciados, devido à baixa velocidade da transmissão de dados eletronicamente e ao estágio inicial dos programas computacionais da época.

Hoje, o gênero textual *e-mail* ampliou suas possibilidades: pode-se enviar, em anexo, documentos, imagens, fotos, músicas, vídeos, entre outros tipos de arquivos.

Carvalho (2010) coloca que o *e-mail* compõe-se essencialmente de duas partes, cabeçalho e corpo do texto, e, ao se anexar um arquivo a um *e-mail*, haverá uma terceira parte. Veja a seguir as duas partes principais do *e-mail* formal conforme a autora.

a) Cabeçalho: constitui a parte superior pré-formatada em que aparecem a data, o horário e o endereço eletrônico do emissor, obrigatórios e preenchidos automaticamente pelo sistema. Também constam o(s) endereço(s) eletrônico(s) do(s) receptor(es) e o assunto, preenchidos pelo emissor. Apesar de o item assunto não ser obrigatório, ele é fundamental para o receptor identificar a mensagem e abri-la de imediato ou não. Às considerações da autora pode-se acrescentar que o item *assunto* é normalmente curto e preciso, pois constitui uma síntese da finalidade do *e-mail*.

b) Corpo da mensagem: é a parte inferior na qual consta o texto principal. Pode ser subdividido em elementos obrigatórios e opcionais. A mensagem é essencial; já a saudação e a despedida podem aparecer ou não, de acordo com o objetivo de cada *e-mail*.

A saudação inicial é formal e adequada ao interlocutor a quem é dirigido o *e-mail*. Constitui-se de fórmulas acompanhadas do cargo e/ou nome completo do destinatário, seguidas de vírgula ou dois-pontos. Exemplos: *Ilustríssimo(a) Sr(a). Secretário(a)*, *Cara Srª. Tânia Silva*, *Prezado(a) senhor(a)*, *Magnífico(a) reitor(a)*, *Excelentíssimo(a) senhor(a)*.

O texto principal é quase sempre bastante direto, por isso não possui mais do que cinco parágrafos, cada um com no máximo cinco frases. Em alguns *e-mails* o emissor apresenta-se no primeiro parágrafo e diz o motivo que o levou a escrever para o receptor. Exemplo:

Sou doutorando da Universidade Federal do Rio Grande do Sul e manifesto o meu desejo de trabalhar como professor no Curso de Letras da Universidade de Caxias do Sul, na disciplina de Leitura e Produção Textual. (Texto das autoras.)

A mensagem do *e-mail* formal deixa claro seu objetivo, apresenta detalhes importantes referentes ao assunto abordado e busca não ser redundante. O texto preza pela brevidade, com frases curtas e simples, característica própria dos gêneros textuais da *web*. Vale-se geralmente da linguagem comum, de fácil entendimento. No entanto, dependendo do destinatário, o emissor pode empregar a linguagem cuidada, com uma sintaxe mais elaborada e um vocabulário seleto.

Zanotto (2005) afirma que a clareza, a concisão e a objetividade constam como recomendação em todos os manuais de redação empresarial. Essas qualidades podem ser aplicadas ao *e-mail* formal, visto que ele pode se constituir num documento escrito.

Ao elaborar a mensagem, alguns emissores organizam as ideias em tópicos. Porém, isso não é padrão. As palavras na maioria das vezes são escritas com letras minúsculas e, quando é necessário destacar algum termo, o emissor usa negrito, sublinhado ou outra cor. O uso de abreviaturas e palavras grafadas em letras maiúsculas não é comum nesse gênero.

A despedida mantém o mesmo grau de formalidade do restante do texto. Constitui-se de expressões de cortesia, como *Atenciosamente, Cordialmente, Grato(a), Agradecido(a)* e *Agradeço a atenção*, acompanhadas do sinal de pontuação. Caso o emissor tenha solicitado algo, uma ação ou informação, pode encerrar o *e-mail* com as frases: *Aguardo seu retorno; Por gentileza, envie o documento*; *Na certeza de ser atendido, desde já agradeço*. Se o emissor forneceu alguma informação, pode finalizar com as frases: *Qualquer dúvida, estou à disposição*; *Coloco-me à disposição para mais esclarecimentos*.

No final do corpo da mensagem, consta o nome completo do emissor ou sua assinatura digital e, na linha seguinte, o cargo que ele ocupa. Também podem aparecer outras informações, como a cidade e o telefone de contato do emissor.

O *e-mail* formal:

- é um gênero textual digital em que o emissor escreve uma mensagem marcada pela formalidade a um ou mais receptores;
- é usado com mais frequência no ambiente profissional ou acadêmico;
- estrutura-se em cabeçalho e corpo do texto (saudação inicial, mensagem e despedida);
- pode conter anexos;
- é claro, breve e objetivo;
- emprega a linguagem comum ou cuidada.

6.1 Análise ilustrativa de um *e-mail* formal

Estágios Curriculares

Adiane Fogali Marinello <afmarine@ucs.br>   1 de abril de 2014 16:08
Para: ombboff@ucs.br

Prezada Supervisora de Estágio,

Ao cumprimentá-la, seguem algumas informações referentes à organização dos estágios curriculares obrigatórios das licenciaturas.

Inicialmente, ressalto que cabe ao estagiário entregar a Carta de Apresentação à direção do estabelecimento de ensino antes de iniciar sua prática pedagógica. Por isso, peço-lhe que solicite a carta à coordenação de seu Curso de Licenciatura o mais breve possível.

Informo também que a Universidade de Caxias do Sul (UCS), por meio da Coordenadoria de Relações Universitárias – CRUN, firmou Termo de Cooperação para a realização dos estágios curriculares das Licenciaturas com a Secretaria Municipal de Educação (SMED) de Bento Gonçalves. A Secretaria já orientou as direções das escolas a respeito disso.

Caso ocorra algum problema em relação aos estágios, fico à sua disposição na sala 307 do Bloco J, às quartas-feiras, das 16h30min às 19h30min.

Atenciosamente,

Adiane Fogali Marinello

Coordenadora dos Estágios das Licenciaturas – UCS/CARVI

MARINELLO, Adiane Fogali. *Estágios curriculares* [mensagem pessoal]. Mensagem recebida por <ombboff@ucs.br> em 01 abr. 2014.

Esse texto é um *e-mail* formal, pois a emissora, a Professora Adiane Fogali Marinello, Coordenadora dos Estágios das Licenciaturas da Universidade de Caxias do Sul (UCS) – Campus Universitário da Região dos Vinhedos, escreve uma mensagem com certo grau de formalidade a uma supervisora de estágio, a Professora Odete Maria Benetti Boff.

O contexto de produção e recepção desse *e-mail* é acadêmico, visto que trata de questões referentes aos estágios dos estudantes das licenciaturas da UCS.

O *e-mail* formal em estudo compõe-se de *cabeçalho* e *corpo do texto*.

No *cabeçalho* consta a data e o horário de envio, 01 de abril de 2014, às 16h08min, e o endereço eletrônico do emissor, afmarine@ucs.br Há também o endereço do receptor, ombboff@ucs.br, e o assunto do *e-mail*, Estágios Curriculares.

O *corpo da mensagem* apresenta inicialmente a saudação, *Prezada Supervisora de Estágio*, seguida de vírgula. No primeiro parágrafo do texto principal, a emissora expõe a finalidade do *e-mail*: fornecer informações sobre a organização dos estágios curriculares. A seguir, esclarece os procedimentos referentes à Carta de Apresentação e informa a respeito do Termo de Cooperação firmado entre a UCS e a SMED. Na sequência, coloca-se à disposição do receptor e despede-se de modo cortês com a fórmula *Atenciosamente*, seguida de vírgula. No final do corpo da mensagem consta o nome e o cargo da emissora.

O *e-mail* vale-se da linguagem comum, com um vocabulário acessível e uma sintaxe simples; preza pela objetividade e concisão.

6.2 Estudo de texto

I. Pré-leitura

1) Você costuma enviar *e-mails*? A quem? Com que frequência?

2) Emprega termos da oralidade e abreviaturas em seus *e-mails*? Quais?

3) Você faz uma saudação inicial? Dê exemplos.

4) Como você se despede?

5) Imagine que você precisa enviar um *e-mail* a um de seus colegas e outro ao seu professor. Utilizará a mesma linguagem em ambas as situações? Por quê?

II. Leitura

1) Leitura silenciosa do *e-mail* formal.

2) Leitura em voz alta do texto pelo professor ou por um aluno.

---

camonaco

De:	camonaco <camonaco@yahoo.com.br>
Enviado em:	sexta-feira, 24 de outubro de 2014 16:19
Para:	'tania@fagundesvarela.rs.gov.br'
Assunto:	Feira do Conhecimento

Prezada Secretária Municipal de Educação,

Durante a Semana Comemorativa do Aniversário do Município de Fagundes Varela, o Colégio Estadual Ângelo Mônaco realizará a Feira do Conhecimento.

Nesse evento acontecerá a exposição interativa de trabalhos e experiências efetuados pelos alunos dos anos finais do Ensino Fundamental e do Ensino Médio Politécnico, sob a coordenação dos professores das diferentes disciplinas. A atividade ocorrerá nas dependências da escola, no dia 03 de dezembro, quarta-feira, nos três turnos. O evento será aberto à visitação pública.

Atenciosamente,

Maria T.W. Daros

Diretora do Colégio Estadual Ângelo Mônaco

Fagundes Varela

DAROS, Maria T.W. *Feira do Conhecimento* [mensagem pessoal]. Mensagem recebida por <tania@fagundesvarela.rs.gov.br> em 24 out. 2014.

III. Atividades orais de interpretação

1) Qual é o cargo que a emissora ocupa?

2) A quem é dirigido o *e-mail*?

3) Em que data e horário foi enviada a mensagem?

4) Qual é o assunto do *e-mail*?

5) Qual é o objetivo da mensagem?

6) Como a emissora se despede?

IV. Atividades escritas de interpretação

1) Reescreva a mensagem do *e-mail* substituindo os fragmentos em negrito por sinônimos e mantendo o mesmo nível de formalidade. Evite a repetição de palavras e faça as adequações necessárias.

"**Durante** a Semana Comemorativa do Aniversário do Município de Fagundes Varela, o Colégio Estadual Ângelo Mônaco **realizará** a Feira do Conhecimento.

Nesse evento, acontecerá a **exposição** interativa de trabalhos e experiências **efetuadas** pelos **alunos** dos anos finais do Ensino Fundamental e do Ensino Médio Politécnico, sob a **coordenação** dos **professores** das **diferentes** disciplinas. A atividade **ocorrerá** nas dependências da escola, no dia 03 de dezembro, quarta-feira, nos três turnos. O **evento** será aberto à **visitação pública**."

2) Que instituição a emissora desse *e-mail* representa?

3) Qual é o cargo que ocupa a receptora?

4) Na saudação inicial, de que outra forma a emissora poderia se dirigir à receptora, mantendo o mesmo nível de formalidade?

5) A emissora comunica à receptora a realização de um evento. Responda às perguntas referentes ao evento.

   a) O que acontecerá?

   b) Quando?

   c) Onde?

   d) Quem são os responsáveis pela organização?

   e) Quem é o público-alvo?

6) Que outra fórmula a emissora poderia usar na despedida, considerando a receptora?

7) Estamos diante de um *e-mail* formal ou informal? Justifique.

V. Práticas de análise da linguagem e reflexão linguística

1) Sublinhe os verbos da mensagem do *e-mail* em estudo e faça o que se pede.

"Durante a Semana Comemorativa do Aniversário do Município de Fagundes Varela o Colégio Estadual Ângelo Mônaco realizará a Feira do Conhecimento.

Nesse evento acontecerá a exposição interativa de trabalhos e experiências efetuados pelos alunos dos anos finais do Ensino Fundamental e do Ensino Médio Politécnico, sob a coordenação dos professores das diferentes disciplinas. A atividade ocorrerá nas dependências da escola, no dia 03 de dezembro, quarta-feira, nos três turnos. O evento será aberto à visitação pública."

a) Qual é o tempo verbal predominante?

b) Por que a emissora optou pelo uso desse tempo verbal?

2) Imagine que o evento mencionado no *e-mail* já ocorreu. Preencha as lacunas da mensagem com os verbos no tempo adequado.

Durante a Semana Comemorativa do Aniversário do Município de Fagundes Varela o Colégio Estadual Ângelo Mônaco (_____) (realizar) a Feira do Conhecimento.

Nesse evento, (_____) (acontecer) a exposição interativa de trabalhos e experiências efetuados pelos alunos dos anos finais do Ensino Fundamental e do Ensino Médio Politécnico, sob a coordenação dos professores das diferentes disciplinas. A atividade (_____) (ocorrer) nas dependências da escola, no dia 03 de dezembro, quarta-feira, nos três turnos. O evento (_____) (ser) aberto à visitação pública.

3) Transforme o *e-mail* em estudo num *e-mail* informal para ser enviado a um amigo. Faça as adequações necessárias.

4) Analise o *e-mail* informal que você produziu e verifique as mudanças ocorridas no que se refere aos seguintes aspectos:

a) saudação inicial;

b) despedida;

c) linguagem;

d) símbolos que expressam sentimentos.

6.3 Produção textual

I. Produção escrita

No bairro em que você reside provavelmente existem problemas a serem resolvidos. Produza um *e-mail* formal dirigido ao prefeito de seu município, solicitando melhorias.

Para isso, opte por um dos assuntos elencados ou aborde outros problemas locais: saúde, meio ambiente, saneamento básico, assistência social, educação, cultura, esportes, lazer, segurança, trânsito, pavimentação das ruas, turismo.

Entreviste pessoas da comunidade para se informar a respeito das carências locais. Você pode consultar também o *site* da prefeitura municipal para conhecer os projetos que estão em votação ou em fase de implantação vinculados ao seu bairro.

II. Reescrita

Atente para as observações de seu professor e para as inadequações que você constatou na leitura de seu texto. Após, reescreva seu *e-mail* formal.

III. Produção oral

Selecione alguns *e-mails* de sua caixa de entrada e leia-os para seus colegas e professor, classificando-os em formais ou informais.

7 Entrevista

A entrevista consiste num gênero textual jornalístico em que dois interlocutores interagem por meio de turnos de fala: um entrevistador, responsável pelas perguntas, e um entrevistado, que fornece as respostas.

Por meio desse gênero, o entrevistador coleta informações do entrevistado ou sua posição sobre determinado assunto ou acontecimento relevante no momento. Também pode informar a respeito da vida pessoal ou profissional de um indivíduo de destaque na sociedade.

A entrevista objetiva divulgar as informações fornecidas pelo entrevistado ao público. Segundo Hoffnagel (2005), para alguns, a função primária das entrevistas veiculadas pela mídia é informar o público e, para outros, formar a opinião pública.

Esse gênero textual circula em diversos contextos comunicativos. Há entrevistas radiofônicas, televisivas, publicadas em periódicos impressos ou *on-line*, entre outras. Podemos encontrar entrevistas em jornais, como *Zero Hora, Estado de S. Paulo* e *Folha de S. Paulo,* e em revistas, como *Veja, Época, IstoÉ, Galileu* e *Ciência Hoje*, entre outros. A autoria da entrevista cabe ao jornalista ou ao periódico que a organizou e a publicou. Este capítulo abordará apenas a entrevista divulgada em jornais e revistas impressos ou *on-line*.

Na sua essência, a entrevista é um gênero oral. De acordo com Hoffnagel (2005), quando a entrevista é publicada em jornais e revistas, na maioria das vezes ela já foi feita oralmente e depois transcrita para publicação. Segundo a autora, no momento em que a entrevista é editada, geralmente o periódico divulga somente parte do material coletado e suprime marcas da oralidade, como hesitações e repetições, e marcas de interação, como observações do entrevistador e pausas.

Nesse sentido, Silva (2009) afirma que a entrevista face a face é um discurso em que o entrevistador se dirige ao entrevistado; já quando o jornalista transcreve sua fala e a do entrevistado, trata-se de uma outra situação social de interação: o jornalista não se dirige mais ao entrevistado, mas se volta ao leitor.

A entrevista permite que o leitor conheça melhor o entrevistado e suas ideias a respeito de determinado assunto. Assim, quem ganha destaque é o entrevistado e suas colocações. Sua fotografia também ocupa lugar expressivo na entrevista.

Conforme Hoffnagel (2005), as entrevistas divulgadas em revistas variam em seus objetivos. Para a autora, são três os tipos gerais.

1) Entrevista com um especialista em algum assunto, para explicar um fenômeno. Quase sempre o especialista é desconhecido pelos leitores e seu currículo é apresentado na sessão introdutória da entrevista.

2) Entrevista com uma autoridade, normalmente conhecida pelo público, a fim de obter sua opinião a respeito de um fato em destaque na mídia, podendo ela estar ou não diretamente envolvida nesse assunto.

3) Entrevista com pessoas públicas – políticos, artistas, escritores, músicos etc. – com o objetivo de promover o entrevistado (ou entidade/grupo que ele representa) ou fazer com que os leitores o conheçam melhor.

Por sua vez, Oliveira (2002) divide as entrevistas jornalísticas em quatro espécies principais, segundo seu conteúdo: *noticiosa*, *de opinião*, *de depoimento* e *de perfil*. Veja a seguir.

1) Noticiosa: aquela que busca fatos que resultem em notícia e no meio da qual se inserem as declarações do entrevistado.

2) De opinião (ou conceitual): a que veicula o ponto de vista de *experts* sobre determinado assunto. É o que ocorre nas entrevistas publicadas nas páginas amarelas da revista *Veja*.

3) De depoimento: aquela em que alguém (bastante conhecido ou não) conta sua experiência.

4) De perfil: em que o assunto é o entrevistado e cuja finalidade é fazer com que o leitor tenha a impressão de que já conhece essa personalidade. Tudo gira em torno do entrevistado: o que, como, onde e por que diz.

O assunto da entrevista é determinado pelo entrevistador. Para Schneuwly e Dolz (1999), a entrevista segue um padrão que implica um jogo de papéis entre os interlocutores: o entrevistador inicia e encerra a entrevista, faz perguntas, provoca a fala do outro, incentiva a transmissão de informações, introduz novos temas, orienta e reorienta a interação; por sua vez, o entrevistado, ao aceitar a situação, vê-se obrigado a responder e dar as informações solicitadas.

O entrevistador, de acordo com Hoffnagel (2005), tem o controle da interação: sua vantagem de perguntar limita o que o entrevistado pode falar e também, de certa forma, como pode falar. Entretanto, para a autora, o entrevistado tem a sua disposição artifícios para abster-se de responder diretamente às perguntas, sobretudo as abertas ou indiretas. Nestas, o entrevistado pode ressaltar um aspecto da pergunta e desconsiderar outro, ou ainda atribuir uma interpretação inteiramente diferente à pergunta daquela projetada pelo entrevistador.

A entrevista constitui-se geralmente de *título*, *subtítulo*, *contextualização* e *perguntas e respostas*.

1) Título: anuncia o tópico a ser abordado – o assunto a ser tratado –, ou pode constituir-se de uma fala do entrevistado.

2) Subtítulo: sintetiza as ideias a serem expostas na entrevista. Nem sempre a entrevista possui subtítulo.

3) Contextualização: introduz em um ou mais parágrafos informações a respeito do entrevistado e do tópico da entrevista, e, às vezes, inclui falas do entrevistado.

4) Perguntas e respostas: desenvolve o tópico discursivo por meio de um processo interativo. O entrevistador inicia a entrevista com uma pergunta e, no decorrer dela, faz intervenções.

Antes da transcrição da fala, consta o nome do entrevistador ou do jornal ou ainda da revista a que ele está vinculado e do entrevistado, para que o leitor tenha clareza de quem está falando. Exemplo:

Mundo Estranho – Deixe-me começar com uma dúvida clássica de muita gente: o que é preciso pra ser um dublador?

Marco Ribeiro: Todo dublador é um ator [...] (*Mundo Estranho*, 2013).

Outros periódicos não nomeiam os dois participantes, indicando-os por meio de recursos gráficos, como negrito e itálico. Exemplo:

Mas o próprio Vargas não tinha um pé no militarismo?

Vargas estudou na escola militar, mas era um latifundiário que se formou em Direito. Ele tinha uma visão de mundo diferenciada numa época em que poucos eram alfabetizados (ESPEIORIN, 2014, p. 16).

A entrevista encerra com o entrevistado respondendo à última pergunta. Isso quer dizer que não existe um fechamento propriamente dito. Em alguns periódicos, há um elemento gráfico que marca o final da entrevista, como um quadradinho (revista *Veja*) ou uma estrelinha (*RevistaUCS*), à semelhança de outros gêneros.

No decorrer do texto podem aparecer uma ou mais falas do entrevistado em destaque, retiradas do corpo do texto pelo entrevistador.

A entrevista situa-se na seção destinada a esse gênero, e sua publicação tem certa periodicidade (semanal, quinzenal, mensal). O texto ocupa geralmente de uma a três páginas, conforme o periódico que o veicula.

Na maior parte dos jornais e revistas a seção de entrevistas possui o título *Entrevista*. Porém, alguns periódicos atribuem nomes diferentes a essa seção. Por exemplo, a revista *Mundo Estranho* intitula a seção de *TdF Entrevista* (*Turma do Fundão Entrevista*), a revista *Nova Escola* denomina a seção de *Fala, Mestre* e a revista *Placar*, de *Bate-bola*.

O nível de linguagem varia conforme os leitores a que se destina a entrevista e quem é o entrevistado. Por exemplo, em uma entrevista com representantes do governo, pesquisadores, empresários, entre outros, tanto o entrevistador quanto o entrevistado utilizam a linguagem comum ou cuidada. Já em periódicos direcionados a jovens e adolescentes, que entrevistam cantores, atores e outros artistas de que os leitores são fãs, há o uso da linguagem comum, mesclada com a familiar.

Em relação aos tempos verbais, na entrevista predomina o presente do indicativo.

A entrevista:

- é um gênero textual jornalístico em que dois interlocutores interagem por meio de turnos de fala;
- apresenta um entrevistador que pergunta e um entrevistado que responde;
- tem como autor o jornalista ou periódico que a organizou e a publicou;
- objetiva divulgar as informações obtidas junto ao entrevistado e/ou formar a opinião pública;
- é veiculada em periódicos impressos ou *on-line*;
- é realizada oralmente e, após, transcrita para publicação;
- destaca o entrevistado e suas colocações;
- pode ser de quatro tipos conforme seu conteúdo: noticiosa, de opinião, de depoimento ou de perfil;
- constitui-se de título, subtítulo, contextualização e perguntas e respostas;
- pode ter uma ou mais falas do entrevistado em destaque;
- usa predominantemente verbos no presente do indicativo.

7.1 Análise ilustrativa de uma entrevista

AUDIÊNCIA FIEL

Professor da UCS, frei Jaime Bettega amplia o alcance de suas mensagens de estímulo à positividade através das redes sociais

WAGNER JÚNIOR DE OLIVEIRA | wagner.oliveira@ucs.br

Ele cativa pessoas por onde passa. Suas turmas de *Ética Organizacional* e *Empreendedorismo Cristão*, do Curso de Administração da Universidade de Caxias do Sul, estão sempre repletas de alunos matriculados. Seu programa nas rádios *São Francisco* e *Mais Nova* tem público garantido e suas colunas publicadas nos jornais *Correio Riograndense*

> "Quando não estou escrevendo, estou pensando naquilo que poderia escrever. Na frente do meu computador tem um monte de bilhetinhos que vou fazendo durante a semana. Cada palavra ali vai inspirando um caminho", conta o frei.

e *Pioneiro* levam palavras de otimismo periodicamente aos seus leitores. Seja através da fala ou da escrita, frei Jaime Bettega consegue fidelizar multidões que buscam conforto e respostas para situações do dia a dia.

Frei Jaime Bettega tem a rara capacidade de conquistar pessoas em diferentes situações, que não ficam restritas às missas na Igreja Imaculada Conceição. Nos últimos anos, ele também se faz presente nas redes sociais, um fenômeno de audiência. A sua página no Facebook (facebook.com/freijaime) tem mais de 45 mil curtidas – já alcançou 200 mil visualizações – e o perfil no Twitter (@freijaime) conta com cerca de três mil seguidores. Suas publicações geram comentários como "Sua mensagem nos faz refletir que realmente não precisamos de muito para sermos felizes. Obrigada!" "Realmente não precisamos de muito quando temos paz no coração", comentou outra leitora na página do frei. Em resposta à postagem "Ontem eu era inteligente, queria mudar o mundo. Hoje eu sou sábio, estou mudando a mim mesmo", um seguidor comentou que há 20 anos havia andado de ônibus em direção à UCS junto ao frei e que também gostaria de ser sábio. Bettega respondeu ao comentário: "Gostei de ler a sua postagem. Obrigado! Juntos, em busca da sabedoria de cada dia. Forte abraço! Paz e Bem!" Aliás, "paz e bem" é praticamente a assinatura registrada do frei, que já é adotada pelos seus seguidores virtuais nas postagens. A saudação tem origem nos ensinamentos de São Francisco de Assis.

No último dia 13 de maio, frei Jaime levou o seu carisma *on-line* para o mundo *off-line*. Ele palestrou para os funcionários da UCS na abertura da XXXII Semana Interna de Prevenção de Acidentes de Trabalho. Leia a entrevista com o professor:

Como o senhor explica o sucesso nas redes sociais?

Cheguei a ter três perfis no *Facebook*, depois migrei para uma página. Existe uma lacuna onde as pessoas estariam buscando uma palavra com mais significado, com mais profundidade e talvez algo mais sobre o cotidiano, porque o grande desafio das pessoas hoje é viver bem neste cenário, que depende muito mais da interioridade do que daquilo que se sucede fora da pessoa. Me assusto com tantas pessoas seguindo e multiplicando isso. Existia essa lacuna, a falta de uma palavra que tivesse um significado e que fosse uma palavra muito simples e que relatasse o cotidiano das pessoas na sua normalidade.

Na hora de escrever para os perfis *on-line*, quais são as suas preocupações?

O contato com as pessoas permite que a gente vá entendendo essa dinâmica da vida. Temos endereços diversificados, mas temos a mesma questão existencial: a busca pelo sentido da vida.

Sou muito livre para escrever, mas com a preocupação de dar o entendimento muito simples para que a vida no dia a dia tenha um significado. Gosto de encostar as palavras na vida e, necessariamente, elas precisam ter um conteúdo vivencial.

Minha preocupação não é com a teoria, não é com o escrever bonito, mas é conseguir fazer com que as palavras deem um significado novo à vida.

A tecnologia afasta as pessoas?

As tecnologias, por si sós, não causam tudo isso. As tecnologias têm encontrado pessoas defasadas no sentido antropológico, isto é, nem sempre a gente sabe o que é a vida. Nem sempre a gente tem claro as metas, as buscas, os sonhos. Então esbarramos em problemas, não sabemos lidar com as nossas carências. Para alguns, as novas tecnologias te tiram do cotidiano. Eu já penso que muitas pessoas estão ampliando os horizontes também através das tecnologias, sem desmerecer ou deixar em segundo plano aquilo que é próprio: família, amigos, local de trabalho etc. As tecnologias dependem muito das pessoas e elas estão defasadas no quesito antropológico, humano e até filosófico. Quando bem utilizadas, as tecnologias sempre vão permitir novos horizontes, novos entrelaçamentos e também vão confirmar que não existe distância: o que está perto tem valor, mas o que está longe também tem valor.

Com tantas atividades, como o senhor organiza o tempo para escrever?

Tento buscar os momentos de maior silêncio para escrever. No dia a dia de exigências maiores, como atendimento a pessoas, planejamento de aulas, eu não consigo. Mas eu me programo e tento, por exemplo, em um domingo à tarde, dar conta daquilo que vai acontecer durante a semana e o que eu preciso deixar escrito.

Hoje, o tempo é muito precioso, valorizo os minutos. Quando não estou escrevendo, estou pensando naquilo que poderia escrever. Na frente do meu computador tem um monte de bilhetinhos que vou fazendo durante a semana. Cada palavra ali vai inspirando um caminho. De vez em quando, tiro um tempo para pesquisa de frases, de ideias, de jeitos de pensar. Tu tens que ser muito organizado. Quando tu gostas de escrever, te identificas na escrita e sabe que isso tem impacto na vida das pessoas, tu te motivas ainda mais. Se tu não podes ajudar materialmente, se tu não podes ajudar com a tua presença, se não podes aliviar a dor de alguém, podes escrever. Isso se torna uma forma de ajudar muitas pessoas.

Essa leitura nas redes sociais faz com que as pessoas expressem sentimentos pouco explorados?

Depois de um tempo, percebi e tive retorno de que os escritos têm proporcionado o aprendizado para a maturidade. As pessoas dizem "Tu estás me ensinando a viver" ou "Estou olhando a vida diferente". Vejo que nós temos espaços em aberto. As redes sociais te pedem disciplina. São textos rápidos, pois as pessoas não têm tanto tempo. Tu tens que ser muito fiel. Também aprende a não tratar de assuntos muito polêmicos. Convém utilizar esse espaço para falar sobre vida no cotidiano. ★

OLIVEIRA, Wagner Júnior de. Audiência fiel. *RevistaUCS*. Caxias do Sul, ano 2, n. 12, p. 8-9, jun. 2014. Adaptação das autoras.

O texto *Audiência fiel* é uma entrevista de perfil na qual o tópico é o próprio entrevistado, o frei Jaime Bettega. O jornalista Wagner Júnior de Oliveira faz perguntas ao frei, uma pessoa de destaque, vinculada à Igreja Católica, para que os leitores o conheçam melhor.

O título da entrevista *Audiência fiel* indica o assunto a ser tratado no decorrer do texto: o fato do frei Bettega ser um fenômeno de audiência e ter milhares de seguidores virtuais.

O subtítulo anuncia que o entrevistado é professor da Universidade de Caxias do Sul (UCS) e vale-se das redes sociais para divulgar a um grande número de pessoas suas palavras positivas e de incentivo. O subtítulo, portanto, resume as ideias a serem desenvolvidas na entrevista.

Na contextualização, Oliveira apresenta, nos três primeiros parágrafos, dados sobre o entrevistado: frei Bettega, além de seguidor dos ensinamentos de São Francisco de Assis, tem programas em rádios, colunas em jornais, páginas e perfis nas redes sociais. O jornalista também enfoca a abrangência das palavras do frei e sua capacidade de conquistar os leitores e ouvintes. Inclui ainda comentários do entrevistado publicados em redes sociais considerados relevantes, como a resposta de Bettega a um de seus seguidores: *"Gostei de ler a sua postagem. Obrigado! Juntos, em busca da sabedoria de cada dia. Forte abraço! Paz e Bem!"*

Na parte denominada perguntas e respostas, o entrevistador e o frei Bettega interagem por meio de turnos de fala, e o leitor passa a conhecer melhor o frei. O entrevistado afirma que seu sucesso nas redes sociais deve-se ao fato de ele oferecer mensagens significativas e profundas que preenchem lacunas interiores do ser humano. Diz que sua preocupação ao escrever para os perfis *on-line* é fazer com que suas palavras atribuam um novo sentido à vida.

Conforme o frei, as tecnologias, por si sós, não afastam as pessoas. Na verdade, diz o frei, muitas estão defasadas no quesito antropológico, humano e filosófico, e se afastam do cotidiano. Ele destaca que as tecnologias, quando bem utilizadas, possibilitam vislumbrar novos horizontes, novos entrelaçamentos e compreender que não existe distância.

O entrevistado acrescenta que busca os momentos de maior silêncio para escrever. E, entre suas inúmeras atividades, valoriza todos os minutos: quando não está escrevendo, está pensando no que poderá escrever. Para o frei, escrever é uma maneira de ajudar muitas pessoas, e esse objetivo ele tem atingido, pois leitores afirmam que seus escritos os ensinam a viver e a olhar a vida sob outra perspectiva.

Como se observa, o que tem relevância nesse texto é o entrevistado e suas colocações. O entrevistador coloca em destaque uma fotografia de Bettega, bem como uma das falas do frei que ele considera importante.

Na transcrição das falas da entrevista não há a indicação do nome do entrevistador nem do entrevistado. As perguntas do jornalista são destacadas pelo uso de negrito. No final da última resposta existe uma estrelinha que marca o término da entrevista.

A entrevista em análise emprega a linguagem comum, visto que o vocabulário é simples, mas segue a norma padrão da língua escrita. Quanto aos tempos verbais, predomina o presente do indicativo, uma vez que o entrevistado responde a questionamentos sobre seu sucesso atual.

7.2 Estudo de texto

I. Pré-leitura

1) Você costuma ler entrevistas em revistas e jornais impressos ou *on-line*?

2) Que tipo de entrevistas você prefere ler: com políticos, artistas, escritores, músicos ou especialistas em determinado assunto? Por quê?

3) Faça uma leitura inspecional da entrevista a seguir.

    a) Em que periódico ela foi publicada? Quando?

    b) Quem é o responsável por sua elaboração?

    c) Quem é o entrevistado?

    d) Qual é o título do texto?

4) Com base no título, do que provavelmente tratará a entrevista?

5) Você se considera um leitor? Por quê?

II. Leitura

1) Leitura silenciosa da entrevista.

2) Leitura em voz alta do texto pelo professor ou por um aluno.

INTERPRETAR O MUNDO ATRAVÉS DE BOAS LEITURAS

Mempo Giardinelli
escritor e ativista cultural argentino
http://www.fundamgiardinelli.org

Ler vai além da apropriação do código escrito: é uma forma de se reconhecer no mundo, de ampliar a criatividade, a criticidade e de sonhar um mundo melhor. Mas nem todos tiveram a oportunidade de descobrir a "virtude da leitura", e muitos jovens sequer têm acesso a obras literárias de qualidade, seja por dificuldades econômicas, seja pela falta de estímulo. O jornal *Mundo Jovem* conversou com o escritor e ativista cultural argentino MEMPO GIARDINELLI, durante a Feira do Livro de Porto Alegre, RS, para compreender melhor a relação da leitura como um direito social.

Qual é a importância da leitura para o desenvolvimento de um país?

Comecei a ler e escrever quando era ainda pequeno, e já com 20 anos de idade comecei a compreender que a questão não era somente escrever. Pode-se frequentar alguma oficina literária, receber algum conselho, mas a essência da literatura está no ato de ler, na leitura, no livro. O embrião da literatura é a leitura. A sociedade da América Latina é muito atrasada, não somente porque aqui existe fome, atraso cultural, muita interferência da televisão, mas é também porque os povos não têm acesso à literatura. A boa literatura existe nesses países, mas o povo não chega até ela. No Brasil, por exemplo, um dos maiores escritores, João Guimarães Rosa, não é popular. Na Argentina, Jorge Luis Borges é conhecido porque é famoso, esteve na televisão, mas sua obra literária não é conhecida pela maioria dos argentinos. Há meio século, quando deixamos de ser uma sociedade leitora, passamos ao terror, à censura, à perseguição, à ditadura, ao medo, à queima de bibliotecas e de editoras. E, assim, o paradigma de ascensão social, que era a leitura, foi destruído e substituído pelo paradigma do individualismo e da especulação, que hoje impera em vastos setores sociais.

Como desenvolver a prática da leitura?

À sistematização do pensamento e das ações que ajudam a formar e sustentar uma sociedade que lê de modo consistente e habitual chamo *Pedagogia da Leitura*. E com certeza é uma pedagogia que capacita o cidadão para exercer, controlar e melhorar a democracia. Defendo que deve existir uma estruturação das políticas de leitura em nossos países [da América Latina], em que as bibliotecas sejam um espaço de combate à exclusão social, uma vez que conduzem à reflexão, à crítica e ao questionamento, pois somente assim os leitores-cidadãos poderão intervir nos destinos de sua comunidade, de sua cidade, de seu país e, ao mesmo tempo, poderão conhecer os acontecimentos mundiais que, num mundo globalizado, afetam o seu futuro. E há algo mais que se pode fazer na América Latina nesse sentido: a especialista colombiana Sílvia Castrillón aconselha que "as bibliotecas estabeleçam um objetivo político, social e cultural muito claro e, a partir dele, formulem seus planos de trabalho, suas programações e atividades, pois é indispensável reconhecer o caráter político da educação e da leitura, da escola e das bibliotecas como centros motores de transformação social desta árdua realidade que nos circunda".

Como se relacionam leitura e conhecimento?

A leitura é o único caminho para o conhecimento. Se você quer saber alguma coisa, se quer chegar a um entendimento, se quer compreender, tem de ler. Se você não ler, não poderá saber. Pode até ter uma vaga ideia, uma informação através de alguém, mas, sem ler, você não sabe. A aprendizagem deve ser lenta, pausada, serena, porque só assim é profunda (não superficial), e o pensamento resultante dela tem perspectiva de qualidade. Para alcançar o conhecimento, para saber, tudo o que temos de fazer é ler. Não existem atalhos, não há substituição possível. Aprender literatura não vai por outro caminho senão o de ler muito e ler o melhor.

No meio juvenil se lê pouco hoje em dia?

Em parte, sim, mas não é totalmente uma verdade. É uma ideia injusta, porque é uma forma de culpar os estudantes, quando nós sabemos que quase sempre o problema começa pelos adultos. As crianças querem ler, valorizam e gostam das leituras que provêm dos adultos, e os adultos que não leem é porque não conhecem a simples virtude da leitura. Porém esta pergunta aponta que é fundamental para bibliotecários e professores de língua e literatura regressarem à boa leitura e urgentemente voltarem a ensinar literatura. Creio, inclusive, que a carência disso é parte do grande problema pedagógico atual, o que não é uma crítica à docência, mas um reconhecimento de que fomos vítimas de ditaduras, autoritarismo, censura e de um novo instrumento de má educação que se impôs desde os anos de 1960-1970: a televisão. Nos tempos modernos, o principal educador da sociedade é a televisão, e é o principal mau educador. Então, temos de auxiliar bibliotecários, professores, estudantes e a sociedade de um modo geral, que foram submetidos nos últimos anos a estas questionáveis "modas pedagógicas" que fizeram do prazer literário um trabalho pesado.

O uso da internet interfere na questão da leitura?

Não, a internet não tem nada a ver com isso: ela é uma possibilidade tecnológica bem-vinda. Aliás, a internet não é problema para a não leitura e também não é solução para a leitura. Não faz nenhum sentido seguir pensando e dizendo que o problema da falta de leitura deve-se à tecnologia da Modernidade.

E sobre a interdisciplinaridade?

Concordo que as disciplinas escolares devem andar juntas. O estudo da História, das Ciências da Educação, da Filosofia e de outras disciplinas não pode prescindir cada vez mais da grande Literatura Universal. Por exemplo, como saber sobre a Grécia sem ler Homero, a *Odisseia*, a *Ilíada*? O conhecimento implica a leitura e em ler bem, e ler melhor a produção intelectual do seu país e do mundo, e de todas as épocas. Portanto a leitura das produções literárias de áreas diversificadas, e não só das áreas relacionadas à literatura, é fundamental para a formação e o conhecimento.

A pessoa é o que ela lê?

Sim, a pessoa é o que lê, e a sociedade também. Uma sociedade que lê é uma sociedade que tem conhecimento. Uma sociedade que não lê é embrutecida: não se apropriou do saber. Toda gente sabe que é importante ler, porém nem todos leem. O drama dos nossos países latino-americanos é a evidência de que muitos profissionais de diferentes áreas e atividades deixaram de ler. Quem lê resgata a maravilhosa consciência do descobrimento do saber e a alegria da liberdade que nos dá a leitura!

O que existe hoje na sua biblioteca particular?

Muita variedade. Muito de histórias, por exemplo. Sempre digo que sou escritor porque houve biblioteca em minha casa: algo assim de simples e de magnífico. Minha casa, em Chaco, era um lugar humilde, porém lá minha mãe e minha irmã (mais velha do que eu) liam todo o tempo. O móvel mais importante da sala de jantar era uma estante com todos os livros que podíamos tomar para ler, julgar e até desfazer-se deles, caso fossem inconvenientes. E eu descobri todos, um por um, e cito aqui alguns que achei adoráveis, de Monteiro Lobato, traduzidos e impressos numa preciosa edição ilustrada que ainda conservo. A literatura me legou suas palavras, sentimentos, impulsividade, e assim me fiz leitor de Júlio Verne, Kafka, Salgari, Stevenson, depois de Dostoiévsky, Melville, Lagerkvist, Faulkner e Hemingway. Desde então minha vida não tem sido outra coisa do que levar minhas bibliotecas, como um caracol leva sua concha. E por ser um leitor aficionado, aprendi que nós, seres humanos, somos em verdade o que temos lido. Porém, desafortunadamente, somos também o que não lemos.

Fale algo sobre as histórias contadas oralmente.

Cresci em meio à prática de leitura. A leitura, a literatura, a conversação, a narração constante de histórias eram como uma conversa de amigas, e sua auxiliar permanente era a biblioteca: fonte inesgotável de comparações, metáforas, sonhos e possibilidades. Os melhores momentos de minha vida passei escutando narrações de intrigas, ilusões, amores e desamores, sonhos e frustrações, da boca de mulheres que liam muito e tinham a imaginação e a criatividade bem treinadas. E a criança tem de ver que a história sai das páginas do livro. O livro é o endereço da história. Para a criança bem pequena, a história tem de ser mediada, e as avós são uma mediação maravilhosa, porque elas têm amor, têm tempo. As crianças acreditam nas pessoas velhas. Então, em Chaco, meados da década de 1990, vimos que fazia falta um trabalho de campo, para além de debater e estudar a questão da iletralidade. Criamos, então, um voluntariado para trabalhar em programas concretos. Nasceu o programa de *Avós Contadoras de Contos*, depois *Pediatras Voluntários* e, logo, *Amigos Leitores*. Levamos autores nas escolas, onde previamente estimulávamos professores, bibliotecários e alunos para que lessem textos deles, e a resposta foi muito boa. Os assistentes para esse trabalho cresceram em quantidade e em qualidade de ideias. Acreditamos, por isso, na eficiência desta *Pedagogia da Leitura*. Podemos dizer, com orgulho, que a fundação que presido contribuiu para criar consciência sobre a importância da leitura, e hoje está incluída em todas as agendas culturais e educativas da Argentina. São quase 75 cidades, com mais de três mil avós trabalhando, visitando as crianças para ler histórias.

Há um resgate da identidade latino-americana através da leitura de histórias?

Certamente, pois se a literatura, como penso, é a vida por escrito, e é transcurso, caleidoscópio de letras, demonstração do eterno e do infinito, isso se transmite pela leitura e pela narração. E o trabalho do escritor consiste nisso: o torturante e maravilhoso empenho, o duro e rigoroso trabalho de polir a prosa, clarificar o sentido, consolidar as ideias. Escrever para conhecer, para alcançar e buscar indagações, e oferecer ao leitor, por consequência, o resgate e a apropriação de sua identidade cultural.

Ativismo em favor da leitura

Segundo o dicionário, ativista é aquele que luta por uma causa ou ideologia, e Mempo lutou tanto pela *Pedagogia da Leitura* como instrumento para exercer e melhorar a democracia que suas ideias viraram política de Estado na Argentina.

Hoje, é um dos intelectuais latino-americanos mais expressivos do mundo, tendo ministrado cursos, seminários e oficinas em mais de uma centena de universidades ao redor da Europa e da América. Sua obra está traduzida em 20 idiomas e já recebeu diversos prêmios importantes, como o *Rómulo Gallegos*, que agracia as melhores produções literárias em língua castelhana e que já contemplou autores como Vargas Llosa e Gabriel García Márquez.

Em meados de 1990, fundou uma instituição dedicada ao fomento da leitura, à docência e aos estudos da *Pedagogia da Leitura*. O projeto *Abuelas que Cuentan Cuentos* (*Avós que Contam Contos*) está presente em quase 75 cidades argentinas e conta com mais de três mil avós que visitam crianças para ler histórias. É por isso que o *Mundo Jovem* considera Mempo Giardinelli um ativista cultural, sim, e dos bons.

Em uma breve conversa, pouco antes da sua palestra na Feira do Livro de Porto Alegre, o autor falou sobre a vocação para escrever e foi enfático ao dizer: "A essência da literatura está no ato de ler. Aprender literatura (ler, escrever e interpretar) não vai por outro caminho senão o de ler muito e ler o melhor".

Mempo também reiterou a responsabilidade do Estado e da sociedade na construção pedagógica do ser. De acordo com o autor, é preciso reestruturar as políticas de leitura na América Latina para que a população tenha acesso ao conhecimento e assim aprenda a interpretar seu cotidiano e identificar os acontecimentos globais que afetam o seu futuro. Declarou: "Uma sociedade que não lê é embrutecida. Se você quer compreender, tem de ler".

Para o argentino, somente a leitura pode nos conduzir à reflexão, à crítica e ao questionamento. Ainda fez uma analogia, comparando o exercício da literatura ao ensino de violão: "Todo mundo pode tocar guitarra, mas sem estudar música você nunca tocará para além do seu círculo familiar em algum domingo", afirmou.

INTERPRETAR o mundo através de boas leituras. *Jornal Mundo Jovem*, Porto Alegre, ed. 454, mar. 2015. Disponível em: <http://www.mundojovem.com.br/entrevistas/edicao-454-entrevista-interpretar-o-mundo-atraves-de-boas-leituras>. Acesso em: 02 abr. 2014. Adaptação das autoras.

III. Atividades orais de interpretação

1) A partir da leitura da entrevista, o que você depreende do título: *Interpretar o mundo através de boas leituras*?

2) O que você entende pela afirmação de Giardinelli: *o embrião da literatura é a leitura*?

3) Qual é a posição do entrevistado no que diz respeito à leitura realizada pelos jovens e crianças atualmente?

4) De acordo com Giardinelli, a internet interfere na leitura?

5) Para o entrevistado, a sociedade é o que ela lê. O que você entende por essa afirmação?

6) Que relação se pode estabelecer entre essa afirmação e a sociedade brasileira?

7) A partir das respostas de Giardinelli é possível dizer que a leitura teve influência na vida profissional do entrevistado? Por quê?

8) Que programas fazem parte da *Pedagogia da Leitura*? Qual é o seu principal objetivo?

IV. Atividades escritas de interpretação

1) Releia a última resposta de Giardinelli e substitua as palavras em negrito por sinônimos, considerando o contexto em que elas estão inseridas.

"**Certamente** (_____), pois se a literatura, como penso, é a vida por escrito, e é transcurso, caleidoscópio de letras, demonstração do eterno e do **infinito** (_____), isso se transmite pela leitura e pela narração. E o trabalho do escritor consiste nisso: o **torturante** (_____) e **maravilhoso** (_____) empenho, o duro e **rigoroso** (_____) trabalho de **polir** (_____), a prosa, **clarificar** (_____) o sentido, **consolidar** (_____) as ideias. Escrever para conhecer, para alcançar e buscar **indagações** (_____), e oferecer ao leitor, por consequência, o resgate e a apropriação de sua identidade cultural."

2) A quem cabe a autoria do texto?

3) Quem são os interlocutores que interagem por meio de turnos de fala?

4) Qual é o perfil do entrevistado?

5) Por que Mempo Giardinelli é considerado um ativista cultural?

6) Com base na entrevista, por que a leitura é um direito social?

7) O que significa a afirmação do entrevistado: *a leitura é o único caminho para o conhecimento*?

8) Na opinião de Giardinelli, por que a sociedade da América Latina é muito atrasada?

9) O que significa o termo *interdisciplinaridade*?

10) No que a leitura contribui para a interdisciplinaridade?

11) Qual é a contribuição social da *Pedagogia da Leitura*?

12) Explique a ligação existente entre o programa *Avós Contadoras de Contos* e a infância do entrevistado.

13) Segundo Giardinelli, de que forma as bibliotecas podem ser um espaço de combate à exclusão social?

14) Interprete a afirmação do entrevistado: *Quem lê resgata a maravilhosa consciência do descobrimento do saber e a alegria da liberdade que nos dá a leitura!*

15) Considerando seu conteúdo, como podemos classificar a entrevista em análise? Assinale a resposta certa e justifique sua opção.

( ) Noticiosa; ( ) de opinião; ( ) de depoimento; ( ) de perfil.

Justificativa:

V. Práticas de análise da linguagem e reflexão linguística

1) Indique a relação de sentido estabelecida pelos operadores argumentativos em negrito, numerando os parênteses de acordo com o código.

(01) adição	(09) conformidade
(02) finalidade	(10) conclusão
(03) causa e consequência	(11) alternância
(04) explicação	(12) comparação
(05) oposição	(13) esclarecimento
(06) condição	(14) inclusão
(07) tempo	(15) exclusão
(08) proporção	

"O que existe hoje na sua biblioteca particular?

Muita variedade. Muito de histórias, por exemplo. Sempre digo que sou escritor **porque** ( ) houve biblioteca em minha casa: algo assim de simples e de magnífico. Minha casa, em Chaco, era um lugar humilde, **porém** ( ) lá minha mãe e minha irmã (**mais** velha **do que** eu) ( ) liam todo o tempo. O móvel mais importante da sala de jantar

era uma estante com todos os livros que podíamos tomar **para** ( )
ler, julgar e **até** ( ) desfazer-se deles, **caso** ( )fossem inconvenientes.
E eu descobri todos, um por um, e cito aqui alguns que achei adoráveis, de Monteiro Lobato, traduzidos **e** ( ) impressos numa preciosa
edição ilustrada que **ainda** ( ) conservo. A literatura me legou suas
palavras, sentimentos, impulsividade, e **assim** ( ) me fiz leitor de
Júlio Verne, Kafka, Salgari, Stevenson, **depois** ( ) de Dostoiévsky,
Melville, Lagerkvist, Faulkner e Hemingway. **Desde então** ( ) minha vida não tem sido outra coisa do que levar minhas bibliotecas,
como ( ) um caracol leva sua concha. E por ser um leitor aficionado, aprendi que nós, seres humanos, somos em verdade o que
temos lido. **Porém,** ( ) desafortunadamente, somos **também** ( ) o
que não lemos."

2) Substitua os operadores argumentativos em negrito por outros de
mesmo sentido e, se for preciso, faça os ajustes necessários.

"No meio juvenil se lê pouco hoje em dia?

Em parte, sim, **mas** (_____) não é totalmente uma verdade. É
uma ideia injusta, **porque** (_____) é uma forma de culpar os
estudantes, quando nós sabemos que quase sempre o problema começa pelos adultos. As crianças querem ler, valorizam **e** (_____)
gostam das leituras que provêm dos adultos, e os adultos que não
leem é **porque** (_____) não conhecem a simples virtude da leitura. **Porém** (_____) esta pergunta aponta que é fundamental
para bibliotecários e professores de língua e literatura regressarem
à boa leitura e urgentemente voltarem a ensinar literatura. Creio,
inclusive, (_____) que a carência disso é parte do grande problema pedagógico atual, o que não é uma crítica à docência, **mas**
(_____) um reconhecimento de que fomos vítimas de ditaduras, autoritarismo, censura **e** (_____) de um novo instrumento de má educação que se impôs desde os anos de 1960-1970: a
televisão. Nos tempos modernos, o principal educador da sociedade
é a televisão, e é o principal mal educador. **Então,** (_____) temos de auxiliar bibliotecários, professores, estudantes e a sociedade
de um modo geral, que foram submetidos nos últimos anos a estas
questionáveis 'modas pedagógicas' que fizeram do prazer literário
um trabalho pesado."

3) Retome a entrevista e indique os referentes dos elementos destacados a seguir.

a) "As crianças querem ler, valorizam e gostam das leituras **que** provêm dos adultos [...]":

b) "[...] e os adultos **que** não leem [...]":

c) "[...] é fundamental para bibliotecários e professores de língua e literatura regressarem à boa leitura e urgentemente voltarem a ensinar literatura. Creio, inclusive, que a carência **disso** é parte do grande problema [...]":

d) "[...] um novo instrumento de má educação **que** se impôs [...]":

e) "Então, temos de auxiliar bibliotecários, professores, estudantes e a sociedade de um modo geral, **que** foram submetidos nos últimos anos a estas questionáveis 'modas pedagógicas' [...]":

f) "[...] 'modas pedagógicas' **que** fizeram do prazer literário um trabalho pesado.":

4) Releia o trecho da entrevista e responda às perguntas que seguem.

"Como se relacionam leitura e conhecimento?

A leitura é o único caminho **para (1)** o conhecimento. Se quer saber alguma coisa, se quer chegar a um entendimento, se quer compreender, tem que ler. Se **você** não ler, não poderá saber. Pode até ter uma vaga ideia, uma informação através de alguém, mas, sem ler, **você** não sabe. A aprendizagem deve ser lenta, pausada, serena, porque só assim é profunda (não superficial), e o pensamento resultante dela tem perspectiva de qualidade. **Para (2)** alcançar o conhecimento, **para (3)** saber, tudo o que temos de fazer é ler. Não existem atalhos, não há substituição possível. Aprender literatura não vai por outro caminho senão o de ler muito e ler o melhor."

a) O entrevistador emprega reiteradamente o pronome de tratamento **você**. A quem ele se dirige? Por que faz isso?

b) Compare o uso do vocábulo **para** no parágrafo em análise.

– Qual(is) deles é(são) operador(es) argumentativo(s)?

– Substitua-o(s) por outro(s) de mesmo sentido.

– Qual(is) deles constitui(em) preposição?

7.3 Produção textual

I. Produção escrita

A seguir, constam duas propostas para a produção de uma entrevista. Opte por uma delas. Atente para as características e estrutura desse gênero textual e observe as orientações para sua organização e edição.

1) Atualmente, a obesidade é um dos problemas que afeta grande número de brasileiros. Entreviste um profissinal da área da saúde (nutricionista, endocrinologista, nutrólogo) para saber como deve ser uma alimentação saudável e os riscos para a saúde de quem não se alimenta bem.

2) É consenso que a atividade física promove o bem-estar e a saúde do indivíduo. Entreviste um profissional da Educação Física para obter informações sobre os benefícios do exercício físico.

Orientações para a produção da entrevista

• Defina o tema da entrevista.

• Escolha o entrevistado e busque informações sobre ele.

• Pesquise matérias sobre o assunto em jornais e revistas, impressos ou *on-line*, para subsidiar a elaboração de suas perguntas.

• Organize as perguntas que nortearão sua entrevista.

• Grave a entrevista ou anote todas as respostas.

• Registre a entrevista por meio de fotografias. Para isso, peça a autorização do entrevistado.

• Releia as anotações ou ouça atentamente a gravação e redija seu texto.

• Elabore um comentário inicial com o perfil do entrevistado, o resumo do tema e, se quiser, insira falas do entrevistado.

• Atribua um título à entrevista.

II. Reescrita

Atente para as observações de seu professor e para as inadequações que você constatou na leitura de seu texto. Após, reescreva sua entrevista.

III. Produção oral

Apresente a seus colegas e professor a entrevista que você realizou com as principais conclusões relacionadas ao assunto escolhido.

Referências

Referências teóricas

BARBOSA, Jacqueline Peixoto. *Trabalhando com os gêneros do discurso*: narrar: narrativa de enigma. São Paulo: FTD, 2011 (Coleção Trabalhando com gêneros do discurso).

_____. *Trabalhando com os gêneros do discurso*: uma perspectiva para o ensino de língua portuguesa. 2001. Tese (Doutorado em Linguística). São Paulo: Pontifícia Universidade Católica de São Paulo, 2001.

BARBOSA, Jacqueline Peixoto; ROVAI, Célia Fagundes. *Gêneros do discurso na escola*: rediscutindo princípios e práticas. São Paulo: FTD, 2012.

BORGES, Eliana Maria; FREITAS, Sonia Maria Pereira. Análise de texto humorístico: as piadas. In: CONGRESSO NACIONAL DE LINGUÍSTICA E FILOLOGIA, 8, 2004, Rio de Janeiro. *Anais eletrônicos*. Rio de Janeiro: Universidade do Estado do Rio de Janeiro, 2004. Disponível em: <http://www.filologia.org.br/viiicnlf/anais/caderno05-05.html>. Acesso em: 30 jun. 2014.

BRASIL. *Parâmetros Curriculares Nacionais*: Ensino Médio – Linguagens, códigos e suas tecnologias. Brasília: MEC/SEMT, 1999.

BRONCKART, Jean-Paul. *Atividade de linguagem, textos e discursos.* São Paulo: Educ, 1999.

CAPAVERDE, Tatiana da Silva. *Intersecções possíveis*: o miniconto e a série fotográfica. 2004. 98 f. Dissertação (Mestrado em Literatura Comparada). Instituto de Letras, Universidade Federal do Rio Grande do Sul, 2004. Disponível em: <http://www.lume.ufrgs.br/bitstream/handle/10183/6117/000436913.pdf?sequence=1>. Acesso em: 27 maio 2014.

CARVALHO, Tatiana Lourenço de. *O gênero digital e-mail no desenvolvimento da escrita e da interação professor-aluno*: uma experiência de ensino de espanhol como língua estrangeira. 2010. 247 f. Dissertação (Programa de Pós-Graduação em Linguística Aplicada). Centro de Humanidades, Universidade Estadual do Ceará, 2010. Disponível em: <http://www.uece.br/posla/dmdocuments/tatianaloureco decarvalho.pdf>. Acesso em: 20 nov. 2014.

CEREJA, William Roberto; MAGALHÃES, Thereza Cochar. *Texto e interação*: uma proposta de produção textual a partir de gêneros e projetos. São Paulo: Atual, 2000.

COLTIER, Danielle. Approches du texte explicatif. *Pratiques*, n. 51, p. 3-22, sep. 1986. Trad. de Ignácio Antônio Neis. Porto Alegre: PUC/RS, 1987.

DELFORCE, Bernard. La dissertation et la recherche des idées ou: le retour de l'inventio. *Pratiques*, n. 75, p. 3-16, sep. 1992.

DOLZ, Joaquim; SCHNEUWLY, Bernard. Gêneros e progressão em expressão oral e escrita – Elementos para reflexões sobre uma experiência suíça (Francófona). In: SCHNEUWLY, Bernard et al. *Gêneros orais e escritos na escola*. Trad. Roxane Rojo e Glaís Sales Cordeiro. Campinas: Mercado de Letras, 2004, p. 41-70.

FIORIN, José Luiz. *Figuras de retórica*. São Paulo: Contexto, 2014. Disponível em: <http://ucs.bv3.digitalpages.com.br/users/publications/9788572448239/pages/-2>. Acesso em: 13 jul. 2015.

GANCHO, Cândida Vilares. *Introdução à poesia*. São Paulo: Atual, 1989.

GOLDSTEIN, Norma Seltzer. *Versos, sons, ritmos*. 14. ed. São Paulo: Ática, 2006. Disponível em: <http://ucs.bv3.digitalpages.com.br/users/publications/9788508101634/pages/-2>. Acesso em: 10 jun. 2015.

GONÇALVES, Grace de Castro. *Contos de enigma*: estratégias pragmáticas de processamento textual. 2007. 141 f. Dissertação (Mestrado em Língua Portuguesa) – Programa de Estudos Pós-Graduados em Língua Portuguesa, Pontifícia Universidade Católica de São Paulo, 2007. Disponível em: <http://www.sapientia.pucsp.br/tde_busca/arquivo.php?codArquivo=5318>. Acesso em: 01 set. 2014.

GREGÓRIO, Regina Maria; CECÍLIO, Sandra Regina. Carta de reclamação: uma análise do contexto de produção e das marcas linguístico-enunciativas. *Signum*: Estudos da Linguagem, Londrina, n. 9/2, p. 69-88, dez. 2006. Disponível em: <http://www.uel.br/revistas/uel/index.php/signum/article/view/3762/3023>. Acesso em: 03 out. 2014.

HOFFNAGEL, Judith Chambliss. Entrevista: uma conversa controlada. In: BEZERRA, Maria Auxiliadora; DIONISIO, Angela Paiva; MACHADO, Anna Rachel. *Gêneros textuais & ensino*. 4. ed. Rio de Janeiro: Lucerna, 2005, p. 180-193.

KÖCHE, Vanilda Salton; PAVANI, Cinara Ferreira; BOFF, Odete Maria Benetti. *Prática textual*: atividades de leitura e escrita. 11. ed. Petrópolis: Vozes, 2015.

LAGMANOVICH, David. El microrrelato hispánico: algunas reiteraciones. *Iberoamericana*: América Latina – España – Portugal. Berlim/Hamburgo/Frankfurt am Main/Madri, v. 9, n. 36, p. 85-96, 2009. Disponível em: <http://journals.iai.spk-berlin.de/index.php/iberoamericana/article/view/735/418>. Acesso em: 26 maio 2014.

MARCUSCHI, Luiz Antônio. Gêneros textuais: definição e funcionalidade. In: BEZERRA, Maria Auxiliadora; DIONISIO, Angela Paiva; MACHADO, Anna Rachel. *Gêneros textuais & ensino*. 2. ed. Rio de Janeiro: Lucerna, 2002, p. 19-36.

_____. Gêneros textuais emergentes no contexto da tecnologia digital. In: _____; XAVIER, Antônio Carlos (Orgs.). *Hipertexto e gêneros digitais*: novas formas de construção de sentido. Rio de Janeiro: Lucerna, 2004.

MESQUITA, Auriane Meneses. O discurso argumentativo no gênero "carta de solicitação". In: SIMPÓSIO INTERNACIONAL DE LE-

TRAS E LINGUÍSTICA, 2009, Uberlândia. *Anais eletrônicos*. Uberlândia: Edufu, 2009, v. 1, n. 1. Disponível em: <http://www.ileel2. ufu.br/anaisdosilel/pt/arquivos/gt_lg15_artigo_1.pdf>. Acesso em: 03 out. 2014.

MOISÉS, Massaud. *Dicionário de termos literários*. 12. ed. São Paulo: Cultrix, 2004.

MUNIZ, Kassandra da Silva. *Piadas*: conceituação, constituição e práticas – um estudo de um gênero. 2004. 159 f. Dissertação (Programa de Pós-Graduação em Linguística) – Instituto de Estudos da Linguagem, Universidade Estadual de Campinas, 2004.

OLIVEIRA, Ana Tereza Pinto de. O gênero entrevista na imprensa escrita e sua relação com as modalidades da língua. *Idade mídia*, São Paulo, v. 1, p. 111-116, 2002.

ORLANDI, Eni Pulcinelli. *Discurso e leitura*. Campinas: Editora da Universidade Estadual de Campinas, 1993.

POSSENTI, Sírio. O humor e a língua. *Ciência Hoje*, São Paulo, n. 176, v. 30, p. 73, out. 2001. Disponível em: <http://aescritana sentrelinhas.com.br/wp-content/uploads/2009/02/o-humor-e-a-lingua-texto.pdf>. Acesso em: 30 jun. 2014.

RAMOS, Paulo Eduardo. *Tiras cômicas e piadas*: duas leituras, um efeito de humor. 2007. 421 f. Tese (Doutorado em Letras) – Faculdade de Filosofia, Letras e Ciências Humanas, Universidade de São Paulo, 2007.

RODRIGUES, Elizete; SOUZA, Vanderlei de; SOUZA, Marlene de Almeida Augusto de. O poder atômico do miniconto: análise de narrativas ultracurtas divulgadas em concursos literários na internet. *Letras Raras*, Campina Grande, v. 2, n. 1, p. 73-92, 2013. Disponível em: <http://150.165.111.246/revistarepol/index.php/RLR/article/view/144/131>. Acesso em: 26 maio 2014.

SCHNEUWLY, Bernard; DOLZ, Joaquim. Os gêneros escolares: das práticas de linguagem aos objetos de ensino. In: _____ et. al. *Gêneros orais e escritos na escola*. Trad. Roxane Rojo e Glaís Sales Cordeiro. Campinas: Mercado das Letras, 2004, p. 71-91.

_____. Os gêneros escolares: das práticas de linguagem aos objetos de ensino. *Revista Brasileira de Educação*, Rio de Janeiro, n. 11, p. 5-16, maio/ago. 1999.

SILVA, Leila Nascimento da; LEAL, Telma Ferraz. Caracterizando o gênero carta de reclamação. In: CONGRESSO DE LEITURA DO BRASIL, 16, 2007, Campinas. *Anais eletrônicos*. Campinas: Unicamp, 2007, p. 1-10. Disponível em: <http://alb.com.br/arquivo-morto/edicoes_anteriores/anais16/sem10pdf/sm10ss12_07.pdf>. Acesso em: 03 out. 2014.

SILVA, Nívea Rohling da. *O gênero entrevista pingue-pongue*: reenunciação, enquadramento e valoração do discurso do outro. São Carlos: Pedro e João Editores, 2009.

SILVA, Pedro Paulo (Org.). *Teoria da Literatura I*. São Paulo: Pearson Education do Brasil, 2014. Disponível em: <http://ucs.bv3.digital pages.com.br/users/publications/9788543005270/pages/-12>. Acesso em: 22 jun. 2015.

SOARES, Angélica. *Gêneros literários*. São Paulo: Ática, 1997.

SORRENTI, Neusa. *A poesia vai à escola*: reflexões, comentários e dicas de atividades. 2. ed. Belo Horizonte: Autêntica Editora, 2009.

SPALDING, Marcelo. *Os cem menores contos brasileiros do século e a reinvenção do miniconto na literatura brasileira contemporânea*. 2008. 81 f. Dissertação (Mestrado em Literaturas Brasileira, Portuguesa e Luso-africanas) – Instituto de Letras, Universidade Federal do Rio Grande do Sul, 2008. Disponível em: <http://www.lume.ufrgs. br/bitstream/handle/10183/13816/000651683.pdf?sequence=1>. Acesso em: 28 maio 2014.

TRAVAGLIA, Luiz Carlos. *Um estudo textual-discursivo do verbo no português do Brasil*. 1991. 330 f. Tese (Doutorado em Linguística) – Curso de Pós-Graduação em Letras, Universidade Estadual de Campinas, 1991.

VALE, Alfredina Rosa Oliveira do. *Na construção do sujeito mulher a piada é coisa séria*. 2010. 232 f. Tese (Doutorado em Letras e Linguística) – Centro de Artes e Comunicação, Universidade Federal de Pernambuco, 2010.

VILELA, Mário; KOCH, Ingedore Villaça. *Gramática da língua portuguesa*: gramática da palavra, gramática da frase, gramática do texto/discurso. Coimbra: Almedina, 2001.

ZANOTTO, Normelio. *E-mail e carta comercial*: estudo contrastivo de gênero textual. Rio de Janeiro/Caxias do Sul: Lucerna/EDUCS, 2005.

Textos literários e não literários na íntegra

ANJOS, Augusto dos. *Versos íntimos*. Disponível em: <http://www.dominiopublico.gov.br/download/texto/bn00054a.pdf>. Acesso em: 11 ago. 2015.

ASSIS, Machado de. A Carolina. In: _____. *Relíquias da casa velha*. Disponível em: <http://www.dominiopublico.gov.br/download/texto/bn000107.pdf>. Acesso em: 13 jul. 2015.

BAUDELAIRE, Charles. Le galant tireur. In: _____. *Le Spleen de Paris*: petits poèmes en prose. Disponível em: <http://www.dominiopublico.gov.br/download/texto/ga000040.pdf>. Acesso em: 02 jun. 2014. Tradução e adaptação das autoras.

BLOY, Leon. La tisane. In: _____. *Histoires désobligeantes*. Disponível em: <http://www.dominiopublico.gov.br/download/texto/ph000115.pdf>. Acesso em: 15 set. 2014. Tradução e adaptação das autoras.

CECCAGNO, Douglas. A beira do salto. In: DA ROLT, Clóvis et al. *Calendário*: antologia poética do grupo Neblina. Bento Gonçalves: Apoio editorial, Fundação Casa das Artes, 2006, p. 35.

_____. *As flores cresceram* [mensagem pessoal]. Mensagem recebida por <vskoche@ucs.br> em 15 maio 2014.

_____. Duas estações. In: DA ROLT, Clóvis et al. *Calendário*: antologia poética do grupo Neblina. Bento Gonçalves: Apoio editorial, Fundação Casa das Artes, 2006, p. 38.

_____. *Tarde* [mensagem pessoal]. Mensagem recebida por <vskoche@ucs.br> em 15 maio 2014.

DAROS, Maria T.W. *Feira do Conhecimento* [mensagem pessoal]. Mensagem recebida por <tania@fagundesvarela.rs.gov.br> em 24 out. 2014.

DIAS, Gonçalves. *Canção do exílio*. Disponível em: <http://www.dominiopublico.gov.br/download/texto/bn000100.pdf>. Acesso em: 10 ago. 2015.

INTERPRETAR o mundo através de boas leituras. *Jornal Mundo Jovem*, Porto Alegre, ed. 454, mar. 2015. Disponível em: <http://www.mundojovem.com.br/entrevistas/edicao-454-entrevista-interpretar-o-mundo-atraves-de-boas-leituras>. Acesso em 02 abr. 2014. Adaptação das autoras.

MARINELLO, Adiane Fogali. *Estágios curriculares* [mensagem pessoal]. Mensagem recebida por <ombboff@ucs.br> em 01 abr. 2014.

OLIVEIRA, Wagner Júnior de. Audiência fiel. *RevistaUCS*, Caxias do Sul, ano 2, n. 12, p. 8-9, jun. 2014.

PERRAULT, Charles. *Barba Azul*. Disponível em: <http://www.dominiopublico.gov.br/download/texto/bk000291.pdf>. Acesso em: 15 set. 2014. Tradução e adaptação das autoras.

Obras com trechos citados como exemplo ou usados em atividades

ABREU, Casimiro de. *Canção do exílio*. Disponível em: <http://www.dominiopublico.gov.br/download/texto/wk000460.pdf>. Acesso em: 10 ago. 2015.

_____. *Meus oito anos*. Disponível em: <http://www.dominiopublico.gov.br/download/texto/wk000472.pdf>. Acesso em: 24 jun. 2015.

_____. *Saudades*. Disponível em: <http://www.dominiopublico.gov.br/download/texto/wk000459.pdf>. Acesso em: 01 jul. 2015.

ALVES, Castro. *Vozes d'África*. Disponível em: <http://www.dominiopublico.gov.br/download/texto/jp000010.pdf>. Acesso em: 02 jun. 2015.

BAUDELAIRE, Charles. La soupe et les nuages. In: _____. *Le Spleen de Paris*: petits poèmes en prose. Disponível em: <http://www.dominiopublico.gov.br/download/texto/ga000040.pdf>. Acesso em: 02 jun. 2014. Tradução e adaptação das autoras.

CAMÕES, Luís Vaz de. Alma minha gentil, que te partiste. In: _____. *Sonetos*. Disponível em: <http://www.dominiopublico.gov.br/download/texto/bv000164.pdf>. Acesso em: 13 jul. 2015.

_____. Amor é um fogo que arde sem se ver. In: _____. *Sonetos*. Disponível em: <http://www.dominiopublico.gov.br/download/texto/bv000164.pdf>. Acesso em: 13 jul. 2015.

_____. *Os lusíadas*. Disponível em: <http://www.dominiopublico.gov.br/download/texto/bv000162.pdf>. Acesso em: 30 jun. 2015.

_____. Trovas. In: _____. *Redondilhas*. Disponível em: <http://www.dominiopublico.gov.br/download/texto/bv000163.pdf>. Acesso em: 08 maio 2015.

COSTA, Cláudio Manoel da. VII. In: _____. *Poemas*. Disponível em: <http://www.dominiopublico.gov.br/download/texto/bv000071.pdf>. Acesso em: 17 ago. 2015.

DIAS, Gonçalves. *I – Juca Pirama*. Disponível em: <http://www.dominiopublico.gov.br/download/texto/bv000113.pdf>. Acesso em: 02 jun. 2015.

_____. Seus olhos. In: _____. *Primeiros cantos*. Disponível em: <http://www.dominiopublico.gov.br/download/texto/ua00119a.pdf>. Acesso em: 26 jun. 2015.

ENEM reproduz desigualdades brasileiras. *O Globo*, São Paulo, p. 1, 21 out. 2013.

ESPEIORIN, Vagner. Se a ditadura durou 21 anos, foi porque teve o apoio da população. *Revista UCS*, Caxias do Sul, ano 2, n. 13, p. 16, jul. 2014.

PESSOA, Fernando. Autopsicografia. In: _____. *Cancioneiro*. Disponível em: <http://www.dominiopublico.gov.br/download/texto/pe000006.pdf>. Acesso em: 02 jul. 2015.

_____. Coroai-me. In: _____. *Poemas de Ricardo Reis*: Ricardo Reis (heterônimo de Fernando Pessoa). Disponível em: <http://www.dominiopublico.gov.br/download/texto/jp000005.pdf>. Acesso em: 08 jul. 2015.

_____. II – O meu olhar. In: _____. *O guardador de rebanhos*: Alberto Caeiro (heterônimo de Fernando Pessoa). Disponível em: <http://www.dominiopublico.gov.br/download/texto/pe000001.pdf>. Acesso em: 07 jul. 2015.

_____. Poema em linha reta. In: _____. *Poemas de Álvaro de Campos*. Disponível em: <http://www.dominiopublico.gov.br/download/texto/jp000011.pdf>. Acesso em: 08 jul. 2015.

PROTZ, Silvonei. Papa Francisco: "Matrimônio não é ficção. Jamais terminar o dia sem fazer as pazes". *Noticiário da Rádio Vaticano*: programa brasileiro, 14 set. 2014. Disponível em: <http://www.radiovaticana.va/proxy/portuguese/noticiario/2014_09_14.html>. Acesso em: 12 nov. 2015.

TDF Entrevista. *Mundo Estranho*, São Paulo, 06 ago. 2013. Disponível em: <http://mundoestranho.abril.com.br/blogs/turma-do-fundao/tdf-entrevista-marco-ribeiro-dublador/>. Acesso em: 17 mar. 2014.

Índice

Sumário, 5

Introdução, 7

1 Piada, 9

    1.1 Análise ilustrativa de uma piada, 14

    1.2 Estudo de texto, 16

        I. Pré-leitura, 16

        II. Leitura, 16

        III. Atividades orais de interpretação, 16

        IV. Atividades escritas de interpretação, 17

        V. Práticas de análise da linguagem e reflexão linguística, 18

    1.3 Produção textual, 19

        I. Produção escrita, 19

        II. Reescrita, 19

        III. Produção oral, 19

2 Poema, 21

    2.1 Figuras de linguagem, 22

    2.2 Características do poema em versos, 27

    2.3 Análise ilustrativa de um poema, 32

    2.4 Estudo de texto, 35

        I. Pré-leitura, 35

        II. Leitura, 35

        III. Atividades orais de interpretação, 36

IV. Atividades escritas de interpretação, 36

V. Práticas de análise da linguagem e reflexão linguística, 37

2.5 Produção textual, 38

    I. Produção escrita, 38

    II. Reescrita, 41

    III. Produção oral, 41

3 Miniconto, 43

3.1 Análise ilustrativa de um miniconto, 46

3.2 Estudo de texto, 47

    I. Pré-leitura, 47

    II. Leitura, 48

    III. Atividades orais de interpretação, 49

    IV. Atividades escritas de interpretação, 49

    V. Práticas de análise da linguagem e reflexão linguística, 50

3.3 Produção textual, 51

    I. Produção escrita, 51

    II. Reescrita, 52

    III. Produção oral, 52

4 Conto de enigma, 53

4.1 Tipologias textuais, 55

4.2 Análise ilustrativa de um conto de enigma, 58

4.3 Estudo de texto, 64

    I. Pré-leitura, 64

    II. Leitura, 64

    III. Atividades orais de interpretação, 69

    IV. Atividades escritas de interpretação, 70

    V. Práticas de análise da linguagem e reflexão linguística, 71

4.4 Produção textual, 73

    I. Produção escrita, 73

    II. Reescrita, 73

    III. Produção oral, 73

5 Carta argumentativa, 75

    5.1 Tipos de carta argumentativa, 77

        5.1.1 Carta de reclamação, 78

        5.1.2 Carta de solicitação, 78

    5.2 Análise ilustrativa de uma carta argumentativa, 79

    5.3 Estudo de texto, 82

        I. Pré-leitura, 82

        II. Leitura, 82

        III. Atividades orais de interpretação, 84

        IV. Atividades escritas de interpretação, 84

        V. Práticas de análise da linguagem e reflexão linguística, 85

    5.4 Produção textual, 87

        I. Produção escrita, 87

        II. Reescrita, 88

        III. Produção oral, 88

6 *E-mail* formal, 89

    6.1 Análise ilustrativa de um *e-mail* formal, 92

    6.2 Estudo de texto, 93

        I. Pré-leitura, 93

        II. Leitura, 94

        III. Atividades orais de interpretação, 95

        IV. Atividades escritas de interpretação, 95

        V. Práticas de análise da linguagem e reflexão linguística, 96

    6.3 Produção textual, 97

        I. Produção escrita, 97

        II. Reescrita, 97

        III. Produção oral, 97

7 Entrevista, 99

    7.1 Análise ilustrativa de uma entrevista, 103

    7.2 Estudo de texto, 108

        I. Pré-leitura, 108

II. Leitura, 108

III. Atividades orais de interpretação, 114

IV. Atividades escritas de interpretação, 115

V. Práticas de análise da linguagem e reflexão linguística, 116

7.3 Produção textual, 119

I. Produção escrita, 119

II. Reescrita, 119

III. Produção oral, 120

Referências, 121

Referências teóricas, 121

Textos literários e não literários na íntegra, 126

Obras com trechos citados como exemplo ou usados em atividades, 127

Conecte-se conosco:

f facebook.com/editoravozes

◉ @editoravozes

🐦 @editora_vozes

▶ youtube.com/editoravozes

🕿 +55 24 2233-9033

www.vozes.com.br

Conheça nossas lojas:
www.livrariavozes.com.br

Belo Horizonte – Brasília – Campinas – Cuiabá – Curitiba
Fortaleza – Juiz de Fora – Petrópolis – Recife – São Paulo

  Vozes de Bolso

EDITORA VOZES LTDA.
Rua Frei Luís, 100 – Centro – Cep 25689-900 – Petrópolis, RJ
Tel.: (24) 2233-9000 – E-mail: vendas@vozes.com.br